叢書刊行の辞

二一世紀も一〇年を過ぎた今日、わたくしたちは、如何なる文明の萌芽を見出しているのか。新たな文明を構築せんとしているが、依然として混迷の時代に生きている、これが実感ではなかろうか。過ぎ去りし二〇世紀は、貧困からの解放と物質文明の時代であった。この文明に大きく寄与したのは企業であり、その世紀は物質経済を中心とした企業文明でもある。その企業経営を主な研究対象とした経営学は、まさに二〇世紀の学問である。

は現実の経営の世界とともに生き、歴史を刻んできた。これまでの経営が、時代の流れに沿ある時には時代の流れに立ち向かってきたように、経営学もまた、時々の経営と相携えながる時には、時代を生み出す経営の理論化を試み、またある時には、現実の経営の批判を通しの問いかけを行ってきた。

うに経営学は、その成立以来、現実の経営の世界からの要請に応えるような形で展開し、そ解決に向けて関連する諸分野の知見を統合する学問として時代に応えてきた。日本においてをドイツに、肉をアメリカに」求めた経営学研究であったが、社会科学を標榜しつつも、基本的には現実の経営の世界からの実践的要請に応え、現実の経営とともに物質文明への貢献をなしてきた。そして、物質の豊かさを謳歌さえすればよかった時代が過ぎた今、わたくしたちには、物質文明の負の遺産を背負いつつ持続可能な社会を実現しうる、二一世紀の新たな文明の構築が求められている。それは同時に、二〇世紀とともに生きてきた経営学の存在を問い直さねばならないということを意味している。

経営学の存在を問い直すこと、それは、これまでの現実の経営がその時代の中で生かされてきた「生活世界」――これは、科学の根源的基盤でもある――に眼差しを向けて経営の存在を問い、そこに経営学を基礎づけ、その歴史を顧みることである。歴史は過ぎ去ってはいるが、今ここに、経営学の現在の基礎として存在する。そして未来も現在のうちにあり、創造しうる未来は関連する過去を契機とするものに他ならない。それゆえに、今ここにあるわたくしたちは、二一世紀という未来への契機となすために経営学の歴史を紐解くことが要請されよう。

このような時機に、二〇一三年に創立二〇周年を迎える経営学史学会は、その記念事業として全一四巻の『経営学史叢書』を刊行することとなった。この『叢書』では、経営学の百有余年の歴史の中で批判を受けながらも今日なお多大な意義を有し、かつ「二一世紀の来たりつつある文明の諸相と本質を見通しうる視野を切り拓く」学説・理論を取り上げる。

各巻の基本的内容は、次の通りである。

（一） 学者の個人史を、時代的背景とともに明らかにする。

（二）学説の紹介には、①学者の問題意識と研究課題、及び対象への接近方法、②学説を支える思想、また隣接諸科学や実践との関連性、③学説の歴史的意義と批判的評価、を盛込む。
（三）学説のその後の展開を示し、二一世紀の課題に対する現代的意義を明らかにする。

『叢書』は、初学者を対象としているが、取り上げる学者の思想に基づく〝深み〟と、実践的広がりに基づく〝豊かさ〟を実現、研究者にも注目される水準を維持することを目指している。

各巻の責任編集者には、学会の叡智を結集する執筆者を選定し、『叢書』刊行の趣旨の理解とその意図を実現する、という多大な要求をすることになった。本書が経営学史学会に相応しい『叢書』であるならば、それは偏に責任編集者の貢献によるものである。

叢書編集委員会は、単に企画するだけではなく、各巻に「担当者」として委員を配置し、責任編集者と連絡を取り、巻の編集の開始から進捗状況の把握、刊行に至る過程全体に責任を持つという体制をとった。とくに河野大機編集委員長には、叢書全体の調整に腐心をいただいた。その尽力に深く感謝申し上げたい。また、前野　弘氏、前野　隆氏、前野眞司氏はじめ株式会社文眞堂の方々には刊行の全てに亘ってお世話になった。ここに感謝申し上げる次第である。

ますます混迷を深める二一世紀に向けた新たな文明の構築に、この『経営学史叢書』がわずかでも貢献することができれば望外の喜びである。

二〇一一年一一月二〇日

編集統括責任者　吉原　正彦

二〇一三年一月二八日、本叢書の編集委員長・河野大機氏が急逝された。河野氏は、その細やかなお人柄に相応しく、叢書の企画段階から、一巻一巻の刊行に至るまで、深いお心遣いをされ、全一四巻が刊行される最後の第四回配本を、誰よりも待ち望んでいた。ここに心より哀悼の意を捧げる。

『経営学史叢書』編集委員会

編集統括責任者
吉原　正彦（青森公立大学　経営学史学会前副理事長）

編集委員長
河野　大機（東洋大学　経営学史学会元理事）

編集委員（五〇音順）
小笠原英司（明治大学　経営学史学会理事長）
岸田　民樹（名古屋大学　経営学史学会理事）
辻村　宏和（中部大学　経営学史学会前理事）
福永文美夫（久留米大学　経営学史学会理事）
藤井　一弘（青森公立大学　経営学史学会理事　編集副委員長）
藤沼　司（青森公立大学　経営学史学会幹事）
三井　泉（日本大学　経営学史学会前理事　編集副委員長）

肩書は二〇一一年一一月二〇日現在

経営学史学会創立20周年記念

経営学史叢書 XII

グーテンベルク

Erich Gutenberg

経営学史学会監修

海道ノブチカ［編著］

文眞堂

エーリッヒ・グーテンベルク（1897–1984）

写真提供
市原季一『西ドイツの経済と経営』
森山書店、昭和三十五年より転載。

まえがき

第二次世界大戦後のドイツ経営学の発展は、一九五一年に出版されたエーリッヒ・グーテンベルク(Erich Gutenberg, 1897–1984)の『経営経済学原理』第一巻生産論を出発点にしている。グーテンベルクは、ミクロ経済理論を経営経済学に本格的に導入し、経営経済学の一般理論を構築し、一九五一年から一九五六年頃にかけて学界を総動員する形で展開された第三次方法論争をとおして、戦後のドイツ経営学において支配的な地位を確立していった。そしてこのグーテンベルク理論が、戦後のドイツ経営経済学の発展方向に決定的な影響を与えた。

グーテンベルクの功績として、まず経営経済学を企業の一般理論として展開した点をあげることができる。一九五一年の第一巻生産論に続き一九五五年に第二巻販売論を、そして一九六九年には第三巻財務論を公刊して『経営経済学原理』全三巻を完成させている。それによって生産、販売、財務のそれぞれの領域における基本的な関数関係が明らかにされ、個々の問題の基礎にある全体的な関連が一般経営経済学(Allgemeine Betriebswirtschaftslehre)として統一的に捉えられている。

第一次世界大戦後、インフレーションをはじめとするドイツ経済の動向が、企業にさまざまな問題を投げかけ、経営経済学がそれらの問題に取り組む過程で個別の研究は大いに進んだが、しかし当時、経営経済学にはそれらの認識を総合できるような一般理論はまだ十分には展開されておらず、グーテンベルクにおいて初めて、それまで議論されてきた個別的な研究が一般経営経済学として総合されることになった。この点は、戦後の経営経済学の発展に大きく寄与した点であり、高く評価することができる。グーテンベルク理論の特徴は、この経営を具体的に労働給付、経営手段、材料という基本的生産要素のシステムと定義し、経営過程をこの生産要素の結合過程として捉え、生産要素の投入とその結合成果の数量的関係、即ち生産性の関係を問題とした点にある。したがってグーテンベルクにおいては、企業事象が生産性関係という数量的認識に還元されている。

さらにグーテンベルクは、企業者の役割を重視し、労働給付を現場での直接的な執行労働である対象関連的労働給付と管理・指揮活動である処理的労働給付に区別している。この処理的要素には、管理と計画と組織があるが、グーテンベルクは、基本的生産要素を結合する企業者の処理的労働給付、即ち企業管理を第四の生産要素と位置づけている。そしてこの企業管理が、生産要素の結合過程の結果を左右することになる。そしてこの管理的労働を重視する点は、ハイネン（E. Heinen）の意思決定志向的経営経済学へと受け継がれることになる。グーテンベルク自身、一九六二年に『企業管理』を公にし、企業での管理の問題を重点的に取り上げたが、ハイネンは、より現実的に企業の行動を説明するために研究対象を意思決定に限定し、企業でのあらゆる事象をこの意思決定より説明しようとした。ハイネンは、グーテンベルクにおいて生産要素の体系の中で処理的要素として扱われた管理の問題を中心に据え、企業を管理するための一般理論の確立を目指した。

このようなグーテンベルクの経営経済学は、時代の先端を行く生産性を中心とした企業の成長理論として高い評価を受けた。第二次世界大戦後一九四七年以降、米ソ対立を背景にアメリカの対独政策が「占領政策」より「復興援助政策」へと変化することにより、旧西ドイツの工業生産は、戦後わずか五年で戦前の水準を上回るほどになった。この戦後のドイツ経済体制を支えたのが、ミュラー・アルマックによって立案され、エアハルトによって政策化された「社会的市場経済」という経済政策原理であった。この経済政策は、フライブルク学派の経済思想に基づくものであり、競争秩序の維持形成、社会的介入の規制、生産手段の私的所有、社会的公正を柱としている。したがってこの経済政策の理念は、統制や個別企業の誘導など、国家の経済過程への介入を極力排除し、経済の運行を企業の自由競争に委ねようとするものである。そしてこの社会的市場経済原理に基づいてドイツは、「奇跡の繁栄」といわれた急速な発展を遂げることになる。第二次世界大戦後の二〇年間に旧西ドイツの生活水準は、驚異的に上昇し、また好景気と完全雇用が続いたため、そこではまだ市場経済に対する疑念やそれに対応した企業体制への批判は、それほど強くはなかった。グーテンベルクの理論は、このような第二次世界大戦後の五〇年代、六〇年代の高度成長期を背景に生成、発展してきた。

グーテンベルク自身、社会的市場経済原理に対応して現実の資本制企業を「営利経済原理」、「自立原理」、「単独決定原理」からなる統一体として把握している。グーテンベルクは、自由主義的・資本主義的経済体制において特有の経営形態である企業では、資本所有者と経営者以外は、経営の意思決定を行うことはできないと述べ、単独決定原理がなくなったり、変化したりすると「企業」という経営形態は、純粋な形を失うことになると主張している。このような企業観が、グーテンベルク経営経済学の基礎となっている。

ところで一九七〇年代に入るとドイツ経営経済学は、アメリカ経営学の影響を強く受け、意思決定論、システム論、行動科学的組織論、経営戦略論、イノベーション論などが経営経済学に導入され、急速に浸透していった。それに伴って経営経済学は、管理論としての側面を強め、また専門的な分野に細分化していった。それと同時にこの時期は、五〇年代、六〇年代にパラダイムを形成したグーテンベルク理論が現実の企業事象を解明できるのかどうか、再検討された時代でもあった。グーテンベルク学派の人々は、グーテンベルク・モデルの不十分な点をグーテンベルク理論の継承・発展という形で克服しようとし、ドイツ経営経済学におけるいわば主流を形成していった。またグーテンベルク理論を批判する人々は、共同決定法に基づく従業員の経営参加をふまえ、一九七〇年代以降の企業経営を明らかにするために新たな企業モデルを展開し、それぞれ独自の方法と内容を展開しながらいくつかの潮流を形成していった。

本書は、戦後の代表的な学説であるグーテンベルク経営経済学の体系と特質を解明し、その後のグーテンベルク学派の理論展開を跡づけている。まず第一部においては、第一章でグーテンベルク経営経済学が生まれるに至った経緯とその特質を明らかにし、また第二章ではグーテンベルク理論の方法論的特質を第三次方法論争の議論に基づいて明示している。第三章では理論の中核をなす生産論の体系が生産要素の結合過程を中心に論じられている。さらに第四章では、グーテンベルク理論の体系化に重要な役割を果たしている経営類型論の意味を考察し、第五章では、グーテンベルク理論が管理論としてその後どのように展開されているかを明らかにしている。

第二部においては、グーテンベルク学派の人々によってグーテンベルク理論がどのように展開されたかを論じている。まず第六章では意思決定論としての展開がハイネンにより立ちあげられ、キルシュ（W. Kirsch）において体系化された点を指摘している。また第七章ではこのキルシュの理論が意思決定論から始まり、応用管理論を経て進化的管理論へと発展した経緯を跡づけている。さらに第八章では新制度派経済学に基づく組織論の系譜を議論している。ハイネンの後継者であるピコー（A. Picot）は、新制度派経済学を積極的に経営経済学に導入し、新たな組織論を展開している。第九章では主流を占めるグーテンベルク学派以外のドイツ経営経済学の最近の動向を展望している。一九七六年の共同決定法の成立以来、出資者以外の利害も考慮する経営経済学も生成してきた。このようなステイクホルダー志向的な経営経済学の動きについて論じている。本書が現代のドイツ経営経済学を理解するさいの一助となれば幸いである。

（海道ノブチカ）

目次

第一部　グーテンベルク理論の体系

第一章　グーテンベルク
――その経営経済学の形成と特質――

第一節　はじめに

ドイツにおける経営経済学の成立以来の歴史、とりわけ第二次大戦以後の経営経済学の発展の歴史の中で、エーリッヒ・グーテンベルクが一時期を画した代表的な経営経済学者のひとりであったことについては何らの異論もないであろう。彼の主著は『経営経済学原理』[1]（全三巻）であるが、彼はこれによって一九五〇年代初頭の学界に、ドイツの経営経済学の伝統からすれば極めて斬新な構想をもって衝撃的に登場した。しかし、彼の構想は当時の西ドイツの経営経済学界において当初は必ずしも好意的に受け入れられたわけではなく、斬新なものであったが故にかえって経営経済学の伝統を守ろうとする立場の人たちの激しい反発を招いた。彼の経営経済学の構想をめぐっていわゆる第三次方法論争が学界を総動員する形で展開されたことに、この事情は明らかである。しかし、グーテンベルク経営経済学はこの激しい論争に耐えて、一九五〇年代から一九六〇年代中葉にかけての当時の西ドイツの経営経済学界において主流を形成するに至った。(2)

もちろん、今日のドイツでは、グーテンベルク経営経済学は当時のような圧倒的な影響力を保っているわけではない。古い学説の問題点が新しい学説によって克服されてゆくのは学問の世界の常であることを考えるとき、このことは自然なことである。しかし、グーテンベルク経営経済学は学史的意義を有していることはもちろんのこと、今なお、企業を考察する有力な学説のひとつであり続けている。われわれが現時点でもグーテンベルク経営経済学の現代的意義に関心を寄せなければならない所以である。

グーテンベルク門下のアルバッハは一九八九年に、グーテンベルクの学説の成立と発展について知るうえで有益な資料的価値のある書物を編集し、また自らもその一部を執筆して公刊した。(3)その中には、グーテンベルクが経営経済学研究を目指すようになった経緯や彼独自の経営経済学を生み出すに至った事情、さらにはその学説の性格を自ら書き残した回想文が含まれている。(4)本章の目的は、主としてこの書物に収められているグーテンベルク自身による回想文、彼の著作や講演記録等にもとづいて、彼がその経営経済学の成立に至った遍歴とその一般的特質を概観することにある。(5)

第二節　国民経済学研究と実務経験、そして経営経済学研究へ

グーテンベルクは一八九七年一二月一三日に、父グスタフと母アンナの息子として、ヴェストファーレン州のヘアフォルトに生まれた。父グスタフは一九世紀中葉当時のプロイセンのザクセン地方のツェルビックの出身であり、若い頃にはハレのある農機具製造企業の技術部門に勤務していた。その間に、彼はその工場の営業部門で働いていたニーバウムと知り合い、両者は共同で一八七三年にヘアフォルトで農機具製造企業を創設した。この企業では、グーテンベルクの父は技術部門を、ニーバウムは営業部門をそれぞれ担当した。それはごく小さな企業として出発したのであるが、第一次大戦が勃発した一九一四年には四〇〇人の従業員を擁するまでになっていた。ニーバウムはすでに一九〇七年に死去しており、その息子ニーバウムⅡ世がグーテンベルクの父と共にこの企業の所有者となっていた。グーテンベルクの父も一九一二年には健康上の理由からこの企業への持分をグーテンベルクの兄であるハンスに譲り、自らは引退していた。ニーバウムⅡ世とハンスはニーバウム＝グーテンベルク合名会社の同等の持分を有する共同経営者となった。ところが、ハンスは妻を包括相続人に指名した後、一九一五年にフランスで戦死した。そこに、この会社の所有権をめぐってグーテンベルク家とニーバウム家との間で対立が生じたのであるが、一九一九年夏に漸く決着がついた。それによれば、グーテンベルク自身が一九二五年一月一日をもって、相対的に少ない出資比率によってでは

あるが、その会社に参加する権利を有することになっていた。(6)

グーテンベルクは第一次大戦からの復員後の一九一九年からハノーファー工科大学で物理学と化学の研究を開始し、技術的な仕事に就くことを考えていたのであるが、上記のような事情の故に、彼は家族の要請に従って不承不承ながら一九二五年には父の創設した会社に入ることを承諾した。彼はそのためには経済について勉強しておく必要があると考え、一九二一年末まで国民経済学を研究し、一九二二年から一九二四年の三年間に企業での実務経験を積むという計画を立てた。そして、一九一九年六月から、彼はまずはヴュルツブルクで国民経済学の研究を開始したのであるが、間もなく、弟のパウルが農業経済学を研究していたハレ－ザーレ大学に移り、そこで国民経済学の研究を続けることとした。(7)

ところが、グーテンベルクにとっては当時の国民経済学研究は必ずしも彼の学問的興味をそそるものではなかった。当時の国民経済学の中心はいわゆる歴史学派であった。それは、なるほど歴史的事実についての多くの知識を蓄積していたとはいえ、精緻な理論的思考を欠いていたのみならず、当時の経済政策的実践の中心テーマであった諸問題、例えば貨幣価値の下落の問題の解決にとってもそれはまったく無力であったからである。(8)

国民経済学のそうした状況の中で、グーテンベルクはヴュルツブルクとハレにいた間に哲学の講義から大きな刺激を受けた。特にハレでは、彼はカント（I. Kant）の哲学に関心を寄せ、哲学のゼミナールにも属し、そこでカントの純粋理性批判についての報告を行っている。彼は一九二〇年の聖霊降臨祭にハレで開催されたカント協会の研究会に出席した折に、当時多くの注目を集めていたファイヒンガー（H. Vaihinger）の「かのようにの哲学（Philosophie des Als-Ob）」についてのいくつかの報告を聴く機会をもった。彼はその中で、国民経済学の分野から行われた報告に特に関心を持ち、それに触発されて博士号の学位請求論文のテーマを国民経済学と哲学との境界分野から選択しようと考え、チューネン（J. H. v. Thünen）の著書『孤立国』[9]を「かのようにの構成」の観点から研究することとした。グーテンベルクはチューネンのこの研究の中に、現実についてのより大きな洞察を得るための新しい方法、即ち複雑な影響要因の全体のうちのひとつを孤立化させて、意識的に現実を単純化するという方法を見る。これこそは、ファイヒンガーの「かのようにの構成」ないし孤立化的抽象の方法にほかならない。そして、グーテンベルクは「仮構としてのチューネン孤立国」と題する論文によって一九二一年一二月に博士の学位を取得した。それは、ファイヒンガーの編集になる叢書『「かのように」の哲学の基礎』の第四巻に収められ、公刊された[10]。

上述のように、グーテンベルクは国民経済学の研究を終えた後、父親の設立した会社の経営に必要な実務経験を積むことを意図していた。彼は幸いシレジア地方のある機械製造企業にそのための場を見つけることができ、一九二二年二月から一九二四年一〇月までそこで職員として生産計画や費用計算などについての、当時としてはかなり高度な近代的システムを知ることとなった。しかも、彼はこの企業での経験からさらに、企業が適切に機能するためには如何に組織化されなければならないか、大企業を適切に指導するためには何が重要であるか、如何なる専門的知識やどのような精神的敏感性および遂行能力が必要であるか、を学んだのである。グーテンベルクは自ら、この洞察こそがそこでの三年間の経営実践的経験の最も重要な成果であったと同時に、後の彼の経営経済学研究にも大きな影響を及ぼした要因であったと考えていた[11]。

ところが、グーテンベルクの父親の設立した会社は一九二四年の夏に清算されることとなった。そのため、その会社を引き継ぐというグーテンベルクの計画も変更されることとなった。その折、一九二四年秋にミュンスター大学の助手になる機会が与えられたことから、彼は同大学で経営経済学に関する教授資格を獲得することを決意した。そこで、彼は一九二四年一一月から翌年三月までミュンスター大学の経済政策ゼミナールで助手としての公式の地位のもとで経営経済学の研究を本格的にはじめることとなった。しかし、彼は商学士の学位を有していなかったことから、同大学の法学―国家学学部は経営経済学分野についての彼の教授資格獲得に当って商学士の試験に合格することを要求した。そこで、同学部の斡旋によって、一九二五年四月から翌年三月まで、彼は休暇を得てフランクフルト大学においてシュミット（F. Schmidt）とカルフェラム（W. Kalveram）のもとで経営経済学の研究を行うこととなった。そして、そこでの研究と以前の実践的活動が評価されて、彼は一九二六年の冬学期の終わりには商学士となった。グーテンベルクは同年四月にミュンスター大学に戻り、教授資格獲得論文「経営経済理論の対象としての企業」[12]を書き、一九二八年五月一八日に同大学から経営経済学の教授資格を獲得した。同年から、彼は同大学の私講師を勤めることとなった[13]。

グーテンベルクは教授資格を取得した後もミュンスター大学の経済政策ゼミナールで助手として

の仕事を続けたのであるが、一九二九年一一月に同ゼミナールの教授との間で個人的な意見の衝突が生じたことから、彼はそのゼミナールの助手としての仕事を失うこととなった。彼は私講師としての地位にありながらも、新しい仕事を探さなければならなくなったのである。当時はいわゆる大恐慌に伴う失業の時代であったが、グーテンベルクはベルリンのドイツ組合－監査－信託有限会社に仕事を見つけることができ、一九三〇年三月初旬からミュンスター大学から休暇をとってその仕事に就いた。実践における彼の第二の局面がこの時期からはじまったのである。この組合－監査－信託会社は当時は主として建設業者の信用調査をその親会社であるベルリンのドイツ中央組合金庫の委託によって行っていた。当時のドイツ経済の困難な状況のもとで多くの建設業者は破産寸前の状態であった。グーテンベルクは、高度の技術を用いて高い責任意識のもとで行われていた同社による監査からその危機的な現実を目の当たりに見ることとなったのであるが、同時に、これから得られた経験にもとづいて経営経済学関係の雑誌にいくつかの論文を発表した。

だが、私講師としての休暇は二年間に限ってのみ認められていたため、グーテンベルクは一九三二年にはミュンスター大学に復帰することになった。そこで、彼は同大学で私講師としての講義義務を果たしながら実践経験をさらに積むべくミュンスターからあまり遠くないところで仕事を探すこととした。幸い、彼はエッセンのドイツ経済監査株式会社のドルトムント支店に職を見つけることができた。一九三二年から一九三三年にかけての同社での実務経験の後、グーテンベルクは一九三三年に経済監査士の試験に合格した。経済監査士には、企業のあらゆる問題について監査を行う専門家としての地位が認められるようになっていた。そこで、彼はエッセンに転居し、一九三六年（あるいは一九三七年）にはそこで経済監査の実務を開始した。(14)

このように、グーテンベルクはミュンスター大学での私講師を勤めながら、ドルトムントとエッセンで実務経験を積んでいたのであるが、その実務経験からも大恐慌後のドイツ経済の厳しい実態を実感すると共に、そうした現実にとっての経営経済学の研究と教育の意義を改めて考えざるをえなかった。そして、彼は科学的思考に対してさらに大きな情熱を感じるようになり、「経験は抽象化の方法を排除するものではなく、そのための前提が存在する場合にはむしろその方法を促進する」(15)ことを知った。ここに、彼は改めて学問研究の道を目指すことを決心することになったのである。

グーテンベルクはミュンスターでの講義義務を果たしながら、一九三七年夏学期にはロストック大学からの講義依頼に応じた。さらに、一九三八年秋にはクラウスタール－ツェラーフェルト鉱山大学から教授としての招聘を得て、それを受け入れた。一九三九年三月にはエッセンでの経済監査士としての実務を完全にやめ、四月一日に妻と三歳の娘レナーテと共にクラウスタールに転居した。これによって、彼は経営経済学専攻の教授としての本格的な研究活動の場を得たのであるが、彼はその翌年の一九四〇年にはイエナ大学からの招聘に応じて、兵役の期間を含む以後の数年間、同大学の経営経済学の教授を務めた。(16)第二次大戦の終結後の一九四八年に、彼はフランクフルト大学に移り、一九五一年からはケルン大学のシュマーレンバッハ（E. Schmalenbach）の講座を受け継ぐこととなり、一九六六年に退職するまで同大学で研究と教育に専念した。

以上のことから、われわれは、グーテンベルクが物理学や化学の研究から出発し、国民経済学研究を経て、さらには企業の経営と監査に関する実務経験を積みながら、経営経済学研究へと進んでいった経緯を知ることができる。

第三節　新しい経営経済学の確立に向けて

経営経済学が独立の学問としての地位を確立し、著しい発展を遂げたのは一九二〇年代であった。この時期には、第一次大戦に伴う激しいインフレーションによって機能不全に陥った企業の計算制度の再建と企業維持の問題、さらには社会主義国家の成立に触発されて生じた企業の民主化と社会化の問題――この後者についてはグーテンベルクは明確には言及してはいないのであるが――についての精力的な研究があらわれた。グーテンベルクはこれらの問題に取り組んだこの時期の代表的な経営経済学者としてシュマーレンバッハ、シュミットおよびニックリッシュ（H. Nicklisch）を挙げ、彼らを第一世代の三巨星と称している(17)。しかし、一九二〇年代中葉までの経営経済学がとりわけ計算制度の問題を中心に展開されてきたことに対しては、当時の若い研究者の間で疑問があらわれた。グーテンベルクはそうした疑問を最も強く感じていたひとりであった。この時期の経営経済学は個別的問題の考察において活発さを示し、成果を蓄積していたとはいえ、彼は学問としての体系性ないし統一性を欠いていることにその問題点を見ていたわけである。上述のように、グーテンベルクは一九二八年に教授資格獲得論文である『企業』を書いたのであるが、これこそは当時のそうした傾向に抗して、経営経済学の新しい体系を提唱することを目指したものであった。それでは、彼は『企業』において、どのような経営経済学の体系化を提唱したのであろうか、それは どのような経緯のもとに形成されたのであろうか。

グーテンベルクによれば、経営経済学の経験対象としての企業は見渡しえないほどに多様な経営経済的現実をそのうちに含んでいるのであり、それは理論的努力によって一般的言明を獲得しうるに十分な条件を備えているとはいい難い。それ故、それを共通の科学的統一体とするためにはそれに高度の抽象化を施さなければならない。そのような抽象化された企業はわれわれが現実に見ることのできる具体的な企業像をあらわしているわけではなく、科学的目的のために構築された科学的構成物としてのいわば理論的企業にほかならない。このような認識対象としての企業の設定が「かのようにの哲学」に依拠するものであることは明らかであろう。それでは、企業理論としての経営経済理論を形成するためには、現実の企業についてどのような抽象化が要求されるのであろうか。この問題こそが『企業』の課題であった。このことは、グーテンベルクがその序文において「本研究の基本思考は、経営経済理論にとって何が一般的に重要でありうるのか、特に個別経済としての企業は如何にしてそのような理論の対象でありうるのか、ということを究明することにある」[18]と述べていることに明らかである。

グーテンベルクは経営経済理論の可能性の問題を論じるに当たって、「企業はそのあらゆる要素が何らかの方法で相互に関連し合っており、しかも人間的意思決定にもとづいて秩序づけられている形成体である」とする考慮から出発した。企業を構成するすべての要素のこの相互依存関係があらゆる種類や規模の企業に共通の特徴であると考えられているのである。経営経済的変数体系の全体関係についての理論的言明を獲得しようとするグーテンベルクのこの意図は、彼の『企業』において企業を「相互依存関係に立っており（機能的に結合されており）、総合経済的過程の中のある場所に投入されている資本部分をあらわす諸量の複合体（ein Komplex von Quantitäten）[19]」としてその経営経済理論の対象にしていることのうちに端的に窺知されうる。

さて、グーテンベルクはこのような彼の研究計画が実現可能であるのか否かを確認するために、さらにはそこに存在するであろう問題点を克服するために、彼の意図を支持するような研究が存在しないかどうかについて文献を渉猟することとした。だが、そうした研究成果は当時の経営経済学の文献にこれを見出すことができなかった。そこで、彼はこれを国民経済学に求めることとし、シュンペーター（J. A. Schumpeter）の著書『理論的国民経済学の本質と主要内容[20]』に注目した。シュンペーターはそこでは国民経済を、あらゆる経済主体が一定量の財——経済的諸量——を所有することによって成り立っているシステムとして捉え、そのシステムを構成する諸量ないし要素の間には、ある要素の変化が多かれ少なかれ他のすべての要素との関係をも変化させるという形での相互依存関係があることを特に重視している。グーテンベルクはそこに彼の方法論的立場との類似性を見ると共に、シュンペーターのこの研究に大いに勇気づけられて、上述のような方向での彼の研究をさらに推進する意図を強めることとなった。

しかし、グーテンベルクはシュンペーターのこの構想については、それが静態的な理論であることに問題点をも見ていた。一般に、静態理論においては、経済の全体システムを構成する要素としての諸量がその時々の与件に相互に調和的に結合されているときそのシステムは均衡状態にあるのであり、それらが調和的でない場合にはシステムは不均衡の状態にあるといわれる。国民経済学の静態理論は、与件の変動があったとしても市場の調整機能の故に経済は瞬時に均衡状態を達成することを仮定している。しかるに、経済を規定する内外の与件は絶えず変化し、しかも調整には時間を要する。それ故、経済事象はこれを絶えず変化する与件に適応するという均衡化への連続した過程として捉えることが要請される。グーテンベルクは経済におけるそうした変化の動態をこそ考察の対象とすべきことを主張するのであり、再び、シュンペーターがその著書『経済発展の理論』[21]において経済の発展についての動態的研究を進めていたことに注目する。

もとより、シュンペーターとグーテンベルクにおいては、静態理論と動態理論の意味するところは異なる。シュンペーターの経済発展の理論は、与件変動に対する諸要素の適応ないし反応ではなく、彼の固有の意味での企業者の職能としての革新ないし新結合こそが経済発展の原動力をなすとし、それによる経済発展の過程を考察することを課題としている。これに対し、グーテンベルクの意図するのは経営経済学の立場からする企業事象の動態的考察であり、企業の内外において絶えず生じる与件変動に対する適応ないし反応としての経営内的均衡化を企業の諸変数間の関係の変動の過程として動態的に捉えることが意図されているのだと解せられる。グーテンベルクはシュンペーターから経済事象の動態的考察の必要性を学びながら、内容的には与件変動に対する適応と経営内的均衡化の動態理論として展開しようとしたわけである。

いずれにせよ、一九二〇年代後半当時のグーテンベルクは以上のような観点から経営経済学の体系化を図っていたのであり、『企業』はまさにその成果であったのである。一九三〇年代に入っても、彼は『企業』において提唱した構想の発展を図る努力を行い、経営経済学の原理的な書物の執筆を続け、一九四八年から翌年にかけてそれを完成させた。第二次大戦終結後の一九五〇年代になって出版された彼の主著『原理』（生産論）と同（販売論）がそれにほかならない。一九六九年に刊行された『原理』（財務論）を加えた『原理』（全三巻）によって、グーテンベルク経営経済学は一応の結実を見たわけである。

第四節　グーテンベルク経営経済学の特質

上述のように、グーテンベルクの主著『原理』（全三巻）は『企業』の体系を継承し、その内容的拡充と具体化を図った成果である。ところで、グーテンベルク経営経済学の方法論的特質として一般に以下の諸点が挙げられている。即ち、

・理論的性格を有すること、つまり理論学派に属すること、

・国民経済学の影響を強く受けていること、
・数学的手法を用いていること、
・生産性志向的ないし生産性関連的構想にもとづいていること、
がそれである。

グーテンベルクが理論的性格を有する経営経済学を志向していることは、『企業』における彼の構想の提唱からすでに明らかである。ただし、彼が理論科学の立場に立つ場合でも、単に理論のための理論ではなく、現実の経営経済事象を説明しうる精緻な理論を構築することを意図していたことを、われわれは看過すべきではない。グーテンベルクは豊富な実務経験と国民経済学および経営経済学の研究の過程を通して、そのような理論科学にとって抽象化の方法が有効であることを痛感し、「理論は実践における経営経済的課題の説明にとって重要であると共に、経験は抽象化を介して科学になる」とする見解に到達した。こうした抽象化の方法にもとづく理論科学への志向こそは「かのようにの哲学」からの影響にほかならないであろう。

グーテンベルクが彼の経営経済学の構築に当って多くの刺激を国民経済学から受けていたことも周知のことである。既述のシュンペーターの影響のみならず、とりわけシュナイダー（E. Schneider）の生産理論、シュタッケルベルク（H. v. Stackelberg）の費用理論、クールノー（A. A. Cournot）とパレート（V. Pareto）の企業理論からグーテンベルクが受けた影響は大きかった。[22] これら国民経済学者は全体経済的均衡の観点から企業を分析するに当って、特に数量的な分析用具を用いて考察することを特徴としていたのであるが、国民経済学の企業理論も、数量的分析も当時の経営経済学者にとって必ずしも興味をひくものではなかった。しかし、グーテンベルクによれば、企業変数の多くが数量的に表現され、企業がそうした変数の全体的関連をなすのであれば、その反応ないし適応の事象を数量的に説明することが可能かつ有効な方法でありうる。かくして、彼はそれらの国民経済学研究から、数学的方法が経営経済事象の精緻な理論的考察にとっても有効でありうることを学び、その限りでそれを利用したのである。

グーテンベルク経営経済学は一般に生産性志向的ないし生産性関連的に体系化されているといわれている。このことは、彼自ら『原理』の準備に当っていた一九三〇年代中葉に、「企業はこれまで以上に強く生産性に向けられたシステムとして特徴づけられるべきである。この理由から、企業の生産性はどのような状況に依存していると考えられうるのかを明らかにすることが必要であるように思われる[23]」と述べていたことに端的にあらわれている。生産性志向的構想は経営過程を生産的要素の結合の過程として、即ち生産的要素の投入、結合、それによる要素収益の獲得の過程として捉える。グーテンベルクは生産過程に投入される生産的要素として、まずは人間的労働給付、労働手段・経営手段と材料を挙げる。人間的労働給付は人間の労働力であり、労働手段・経営手段は道具や設備や機械などを、材料は原料、半製品、部品などをそれぞれあらわす。これらは三つの基本要素と呼ばれるのであるが、グーテンベルクは人間的労働給付について、直接的に生産に関わる対象関連的労働給付と、生産過程の指導・統御の機能を果たす処理的労働要素ないし処理要素を区別し、後者から派生する要素として計画と経営組織を挙げている。このような要素体系にもとづいて、彼は生産を、処理要素の指導・統制、さらには計画と経営組織のもとに対象関連的労働給付、労働手段・経営手段および材料が結合されて、新しい財貨・用役が作り出される過程として捉えることになる。経営は生産の面からすれば、この意味で投入—産出体系をなすのである。[24]

なお、生産性志向は財の製造の意味での生産過程について最も典型的に看取されるのであるが、グーテンベルク経営経済学が生産性志向的構想にもとづくといわれる場合、それは生産のみならず、企業ないし経営のあらゆる活動を含む全体を一般的に妥当する特徴として主張されていると考えられるべきであろう。[25]

グーテンベルクの『原理』が以上のような方法論的特質を有していることは否定されえない。しかし、われわれはここで再び、彼が一九三〇年代中葉に科学的関心を向けていたことの一つとして、次の点を挙げていたことに注目しなければならない。即ち、「『企業の理論』もミクロ経済理論も、それなしには企業が機能しえないところの統御用具について何らの関心をも向けてはいない。それ故、企業をある限度の中で自由裁量の余地のある、その限りで統御可能なシステムとして捉える試みがなされるべきである[26]」ということがそれである。当然のことながら、国民経済学におけるとは異なり、経営経済学においては企業は指導—統御システムからも構成されるものとして想定される。グーテンベルクは『企業』においては「かのようにの哲学」にもとづいてあたかも経営者に処理の余地がないかのように、あるいは生産的要素が完全に生産性原理にもとづいて機械的に結合されうるかのように想定していたのに対し、生産的要素の体系についての彼の見解に明らかなように『原理』以後では処理要素による指導―統御の余地を重視することとなったわけである。われわれはここに、『企業』から『原理』へのグーテンベルク経営経済学の発展を見ることができる。そして、この成果は一九六二年に出版された彼の著書『企業管理論』(27)に明確にあらわれている。もとより、これは決して彼の経営経済学の生産性志向的構想の放棄を意味するのではなく、その構想の中での企業の管理事象の具体的理解を目指すものと解せられるべきであろう。処理要素への考慮は決して管理者の恣意的な意思決定の可能性をあらわすわけではないからである。

このように、グーテンベルクがすでに一九三〇年代に経営経済学にとっての管理論的研究の重要性を意識していたことは、われわれにとって極めて興味のあることである。そして、第二次大戦後にグーテンベルク門下の一部の人たちによって、さらにはアメリカの管理的経営学を積極的に導入しようとするドイツ語圏の経営経済学者によって、管理論的研究が精力的に行われ、発展させられてきた。このことを考慮するとき、われわれはグーテンベルクの管理論的研究への傾向を彼の慧眼として高く評価することができる。(28)

第五節　おわりに

上述のように、グーテンベルクは物理学・化学の研究から出発し、経済学と哲学の研究を経て、さらに企業における実務経験を積みながら、それらの成果を総合することによって最終的には経営経済学研究に至った。しかも、彼は生産性志向的経営経済学の構想を提唱することによって、第二次大戦後の経営経済学の発展に顕著な貢献をしたのであり、戦後の（西）ドイツの学界を代表する経営経済学者となったことについては何らの異論もないであろう。

しかし、一九六〇年代半ば以降、行動科学における学際性、批判的合理主義における実証主義、新制度学派の経済学の新しい企業理論などが経営経済学界にも影響を及ぼすようになった。また、アメリカの経営管理論における組織論や戦略論、さらには企業と社会との良好な関係を考察する「企業の社会的責任」論など、経営経済学の問題領域の拡大が顕著になった。そのために、グーテンベルク経営経済学は一九五〇年から一九六〇年代中ごろまでのような支配的な影響力を失ったのであるが、そのような経営経済学研究を取り巻く変化と発展の中で彼の経営経済学が如何なる意義を持ち、またどのような関係に置かれるのかを考えることは、経営学史的に極めて重要かつ興味ある課題であると解せられる。そのいくつかの点については本書の第Ⅱ部で論じられるであろう。

（万仲　脩一）

注

（1）これは以下の書物である。
Gutenberg, E., *Grundlagen der Betriebswirtschaftslehre, Bd. 1. Die Produktion*, 1. Aufl., Berlin/Göttingen 1951.（第二版邦訳書、溝口一雄・高田馨訳『経営経済学原理　第一巻　生産論』千倉書房、一九五七年。）

Gutenberg, E., *Grundlagen der Betriebswirtschaftslehre, Bd. 2. Der Absatz*, 1. Aufl., Berlin/Göttingen 1955.（第二版邦訳書、溝口一雄・高田馨訳『経営経済学原理　第二巻　販売論』千倉書房、一九五八年。）
Gutenberg, E., *Grundlagen der Betriebswirtschaftslehre, Bd. 3. Die Finanzen*, 1. Aufl., Berlin/Heidelberg/New York 1969.（第三版邦訳書、溝口一雄・森昭夫・小野二郎訳『経営経済学原理　第三巻　財務論』千倉書房、一九七七年。）
以下ではこれらを『原理』（生産論）のように略記することとする。

（2）第三次方法論争については、本書第二章を参照のこと。

（3）Albach, H., hrsg., *Zur Theorie der Unternehmung: Schriften und Reden von Erich Gutenberg, Aus dem Nachlaß*, Berlin/Heidelberg/New York/London/Paris/Tokyo 1989.

（4）Gutenberg, E., Erster Teil Rückblicke, in: Albach, hrsg., *Ebenda*, S. 1–109.
以下では、アルバッハ編著のこの書物の「第一部　回想」の部分を "Rückblicke" と略記することとする。

（5）なお、グーテンベルクの経歴については次を参照のこと。
Albach, hrsg., *Ebenda*, S. 281–283.
Becker, F. G./Lorson, H. N., *Gutenberg in Jena*, Baden-Baden 1996, S. 11–15.

（6）Vgl. Rückblicke, S. 5-6.

（7）Vgl. Rückblicke, S. 6.

（8）Vgl. Rückblicke, S. 6-7.

（9）Thünen, J. H. v., *Der isolierte Staat in Beziehung auf Landwirtschaft und Nationalökonomie*, Hamburg 1826.（近藤康男・熊代幸雄訳『孤立国』日本経済評論社、一九八九年。）

（10）Vgl. Rückblicke, S. 7-9.
これは次の書物である。
Gutenberg, E., *Thünen's Isorierter Staat als Fiktion*, München 1922.

（11）この企業におけるグーテンベルクの経験については、Rückblicke, S. 11–12 を参照のこと。

(12) これは翌一九二九年に同名の著書として公刊された。次のものがそれである。
Gutenberg, E., *Die Unternehmung als Gegenstand betriebswirtschaftlicher Theorie*, Berlin/Wien 1929.
この書物はこれを、本文では『企業』と、注では "Die Unternehmung" と略記する。

(13) Vgl. Rückblicke, S. 12–14.

(14) Vgl. Rückblicke, S. 44 u. S. 53.

(15) Rückblicke, S. 54.

(16) Vgl. Rückblicke, S. 45.
イエナ大学時代のグーテンベルクについて、さらには第二次大戦中の彼をめぐる状況とイエナを離れる事情等については、次の文献に詳しい。Becker/Lorson, *a. a. O.*

(17) 一九二〇年代の経営経済学に関するグーテンベルクの論述の詳細については、Rückblicke, S. 16–21 を参照のこと。

(18) Gutenberg, *Die Unternehmung*, Vorwort.

(19) *Ebenda*, S. 44.

(20) Schumpeter, J. A., *Wesen und Hauptinhalt der theoretischen Nationalökonomie*, 1. Aufl., Leipzig 1908.（大野忠男・安井琢磨・木村健康訳『理論経済学の本質と主要内容（上）（下）』岩波書店、一九八三年。）

(21) Schumpeter, J. A., *Theorie der Wirtschaftlichen Entwicklung: eine Untersuchung über Unterhehmergewinn, Kapital, Kredit, Zins und den Konjunkurzyklus*, 1. Aufl., Leipzig 1912.（塩野谷祐一・東畑誠一・中山伊知郎訳『企業発展の理論―企業者利潤・資本・信用・利子および景気の回転に関する一研究（上）（下）』岩波書店、一九七七年。）

(22) Vgl. Rückblicke, S. 54–55.

(23) Rückblicke, S. 60.

(24) Vgl. Gutenberg, *Grundlagen der Betriebswiirtschaftslehre, Bd. 1. Die Produktion*, 16. Aufl., S. 2–8.

(25) このことについては、次を参照のこと。

Gutenberg, E., *Einführung in die Betriebswirtschaftslehre*, Wiesbaden 1958, S. 44.（池内信行監訳／杉原信男・吉田和夫共訳『グーテンベルク　経営経済学入門』第五版、千倉書房、一九六五年、五〇－五一頁。）

(26)　グーテンベルクの生産性志向的構想については、われわれは本書の第四章において改めて考察する。

(27)　Rückblicke, S. 60.

(28)　Gutenberg, E., *Unternehmensführung: Organisation und Entscheidungen*, Wiesbaden 1962.（小川洌・二神恭一訳『企業の組織と意思決定』ダイヤモンド社、一九六四年。）

グーテンベルクの企業管理理論については、本書の第五章を参照のこと。

第二章　グーテンベルク経営経済学の方法論的特質

第一節　はじめに

ドイツ経営経済学が成立したのは一九世紀末から今世紀初頭にかけてであり、それは当時発展途上にあったドイツの先進国化政策の一環として、国家的要請に基づくものであった。つまり、ドイツにあっては、産業資本主義が確立し、独占化が進展する中で、これからの産業界を担うエリートの育成を目的に各地に大学が設置され、その中心学科に据えられたのが経営経済学だったのである。

このような経緯から、経営経済学に対しては、その成立の当初から、「営利追求の学」、「金儲けの学問」といった批判が投げかけられ、いわゆる私経済学（経営学）無用論が展開された。しかもこの時期、かのメンガー（C. Menger）とシュモラー（G. v. Schmoller）の経済学方法論争にも見られるように、国民経済学（経済学）の著しい発展とその方法論的基盤の確立がなされたために、経営経済学は国民経済学をはじめ隣接諸学科との関係において、自らの存在理由を明確化する必要性に迫られた。つまり、経営経済学は、その生成と同時に「科学」としての自律性を方法論的にいかに正当化するかという問題を背負わされたのである。

しかし、何を科学の目的とし、何を科学の方法とするか、さらに国民経済学をはじめとする隣接諸学科との関係をどのように捉えるかに関して、必ずしも意見の一致があったわけではない。経営経済学の科学的性格――経営経済学は法則定立的な実在科学なのか（理論学派）、それとも実践的な応用科学なのか（技術学派）、それとも規範や当為の確立を目指す価値科学なのか（規範学派）――をめぐってさまざまな主張がなされたために、ドイツ経営経済学では再三にわたり方法論争が展開されることになった。ドイツ経営経済学の歴史は方法論争の歴史であると言われる所以である。

ところでドイツ経営経済学はこれまで四つの大きな方法論争を経験しているが、その中でグーテンベルク（E. Gutenberg）の果たした役割は決して無視できない。というのも、グーテンベルクは一九五一年の著書『経営経済学原理　第一巻　生産論』によって第三次方法論争の契機を作っただけでなく、「グーテンベルク・パラダイム」[1]という言葉が示すように、経営経済学のその後の理論的展開に多大な影響を与えたからである。

もちろん、第三次方法論争に典型的に見られるように、グーテンベルクの主張に対してはさまざまな批判がある。その中でもしばしば聞かれるのが、グーテンベルクのアプローチはあまりに経済学的であり、社会科学的、行動科学的な認識の摂取を体系的に拒否しているという意味で個別主義的だというものである。しかし、グーテンベルクの主張を注意深く分析するならば、その批判は当たらないことが明らかになる。むしろグーテンベルクは人間の自由意志を尊重しつつも、その中で科学としての経営経済学の可能性を模索していた。以下ではこの点を明らかにしてみよう。

第二節　第二次世界大戦後の西ドイツ経営経済学の方法論的問題状況
――経営社会論論争から第三次方法論争へ――

ドイツは第二次世界大戦での敗戦によって東西に分割されることになったが、第三次方法論争の争点を明らかにするためにも、ここでまず、第二次世界大戦後の西ドイツ経営経済学の状況を簡単に整理しておくことにしよう。

第二次世界大戦後の西ドイツ経営経済学を特徴づける事柄と言えば、何と言ってもアメリカ流の思考方法やアメリカ経営学の流入であろう。それは、一つには西側陣営の一員となった西ドイツが、これまでの全体主義や国粋主義の反省に立って民主主義、議会主義、自由主義、人間主義といったものを標榜したからであり、もう一つには、敗戦により米独間の経済力、生産力のあまりに大きな差が人々に強く意識されたからである。そのため、人々はアメリカの政治・経済・文化への関心を高め、特に経営経済学では、アメリカ流の経営管理論や学際的研究方法、あるいは行動科学的アプローチを積極的に摂取しようという動きが活発化することになった。

アメリカ経営学への人々の関心がいかに強いものであったかは、一九五〇年にダルムシュタット工科大学で開催されたドイツ労働学会の大会を見てもわかる。この大会では、「経営における人間」という統一テーマのもと、ガッサー（C. Gasser）やハックス（K. Hax）といった人たちがアメリカにおける経営学研究を紹介し、あるいはそれに傾倒した議論を展開した。

まずガッサーは、アメリカで行われたいわゆるホーソン実験と、その後に展開された人間関係論を紹介し、分業と機械化が労働者の疎外問題を生じさせうることから、経営者がより積極的に人間問題を考える必要性を訴えた。

それに対してハックスは、ガッサーの議論をさらに一歩進め、経営経済学には「これまで経営における人間問題の体系的、専門科学的な取扱いが欠けていた」という問題意識から、従来の経営経済学の再編成を訴えた。即ち、経営経済学は、従来からの「経営の経済論」「経営の技術論」に加えて、人間的、社会的側面から経営を考察する「経営の社会論（社会的経営論）」の三要素から構成されるべきだとし、特に経営社会論の研究にあたってはアメリカ式の事例研究や、心理学、社会学、教育学などとの学際的な共同研究が有効だと主張した。つまり、経営経済学は経営問題に広く従事する科学として拡大解釈されるべきだと主張したのである。

こうした議論に真っ向から反対したのが、リーガー（W. Rieger）の弟子シェーファー（E. Schäfer）であった。シェーファーは同年にケーニクスヴィンターで開催された経営学会において、科学における認識対象と経験対象の議論をもち出し、ハックスはこの経験対象の事象に目を奪われて両者を間違って混同していると痛烈に批判した。つまりシェーファーは、無闇に対象領域を拡大して、あれもこれも経営経済学に取り入れることは、結局のところ学問の自律性、独自性を失わせることなるので、経営経済学はあくまでも経済科学の一分野として位置づけるべきだと主張したのである。

両者の論争は、その後多くの論者を巻き込んで、経営社会論論争ないし社会経営論論争とも呼びうる事態へと発展するが、この論争は、表面的には経営における人間問題の取り扱いを争点としていたものの、本質的には、経営経済学を現実問題の解決に奉仕する技術学と捉えて学際科学を標榜する応用（技術）学派と、斯学を自律的な個別科学と捉えてあくまでも独自の認識獲得を目指す理論学派との間の論争と見ることができる。(2)

ところで、グーテンベルクの『経営経済学原理　第一巻　生産論』(3)は、まさにこうした状況の最中、一九五一年に出版された。その中でグーテンベルクは、最近特に発展した近代経済学理論の分析用具を、それが「研究対象の性質上妥当であり、合理的であると思われる範囲において」経営経済学の分野でも利用すると述べ、数学的、記号的表現を用いて生産理論、費用理論を展開した。

ところが上述のように、学界では折しも経営における人間問題が注目を集めている時期だっただけに、グーテンベルクの理論はあまりに人間性を無視したもののように思われ、とりわけ人間問題を重視する技術学派の人々の格好の攻撃目標とされることになった。こうして経営社会論論争を引き継ぐ形で、第三次方法論争の火ぶたが切って落とされたのである。

第三節　第三次方法論争の争点

ではグーテンベルクは具体的にどのような主張を行ったのであろうか。

『経営経済学原理　第一巻　生産論』を貫くグーテンベルクの基本的な問題意識は、従来の経営経済学には生産理論ないし収益法則に関する十分な考察が欠けていた、というものである。グーテンベルクによれば、今日の支配的な見解では「収益法則は農業経済生産にも工業的生産にも妥当する」とみなされているが、「たんに農業生産から工業生産への類推による結論」は収益法則が工業生産においても妥当するという証明にはならない。したがってグーテンベルクはこの書において、伝統的な費用理論の基礎となっていた生産理論に反省を加え、新たな生産理論を展開しようと試みた。そしてその手始めに行ったのが生産要素論の展開、即ち生産要素の概念規定である。

グーテンベルクはまず、経営を生産要素の結合過程と捉え、基本的な生産要素として人間労働給付、作業手段および材料の三つを挙げた。さらに人間労働給付の中でも、これら「三つの基本要素を結合して一つの生産的結合体をつくる」労働を第四の付加的生産要素として分離させ、これを営業・経営指導ないし管理要素と呼んだ。グーテンベルクによれば、この第四の要素は、市場経済下であれ計画経済下であれ、どんな経済体制の下でも存在するものであり、かつこの管理要素は、人的要素の観点から見れば非合理的な層、計画の観点から見れば予見的思考を特徴とする合理的な層、そして組織行為の観点から見れば形成的・実行的な層という三つの異なる層を含んでいる。

グーテンベルクによれば、このような生産要素論が重要となるのは、「経営における要素投入の生産性はまず要素自体の性質と次にそれらの結合とによって決まる」からである。特に工業生産は基本的に一つの結合過程と理解されるので、「この結合の原理を研究することが必要」であり、しかもその際「生産要素の最有利な結合は何であるか」を研究しなければならない。そしてこの問題に答えることができるのは、費用理論ではなく、要素的収益と要素投入との関係、即ち生産性関係の分析である。こうしてグーテンベルクは生産関数ないし収益関数の考察に向かうのである。

その際グーテンベルクはまず、生産要素の代替的投入と産出量の関係を問題にしてきた伝統的な生産関数ないし収益関数を「A型生産関数」と呼び、その特徴が「要素投入量が少なくとも一定の限度内で自由に変化しうる」という前提、つまり「一つの要素の投入量を、他の要素の投入量を一定として、変化せしめうる」という前提にあると説明する。従来の理論ではそのことが「産出量の変化を一要素の投入量の変化に帰せしめること」を可能にしているのである。

しかし、このようなA型生産関数を、グーテンベルクは、「工業的生産には中心的に妥当すると見なされない」と考える。というのも、工業生産の場合、「要素投入量の変化は一義的に技術的に規定されている」からである。言い換えれば、工業生産の場合、多くの要素が複雑かつ有機的に関係しあっているので、他の要素の投入量を一定にして、ある要素の投入量だけを変化させることができない。そして要素投入量を自由に変化させることができず、各要素の生産への貢献を独立して測定することができないならば、それはA型生産関数の前提が成り立たないということを意味し、したがってそれに基づいて展開される逆S字型の費用曲線も妥当性をもたないことになる。

こうしてグーテンベルクは、工業生産にあっては、むしろ要素投入が自由に変化できない生産関数、即ちB型生産関数を基礎に考察することが重要であり、それにしたがえば、その逆関数として導かれる費用関数は傾向的に直線となると主張したのである。

さらにグーテンベルクは、思惟的かつ論理的に展開された自らの理論が、ディーン（J. Dean）らの経験的費用研究とも十分整合的であることを示したことから、グーテンベルクの研究は、理論学派の伝統に実質的な内容を与えるものとして多くの注目を集めることになった[4]。

ところで、グーテンベルクのこうした議論が、伝統的な費用理論の研究者たちを刺激しないはずがない。真っ先にグーテンベルクに噛みついたのは、かのライトナー（F. Leitner）の弟子のメレロヴィッツ（K. Mellerowicz）であった。

応用（技術）学派に立つメレロヴィッツは、「経営経済学における新学派?」（一九五二年）、「岐路に立つ経営経済学?」（一九五三年）、「費用曲線と収益法則。費用曲線の経過に関するグーテンベルクのテーゼについて」（一九五三年）といった論文を矢継ぎ早に発表し、グーテンベルクを批判した。その内容を要約すれば、以下の四点にまとめることができる。

（一）　経営経済学と国民経済学とを統合しようというグーテンベルクの試みは、経営経済学の存在理由を失わせることになる。「経営経済学と国民経済学は異なる認識対象をもち、したがって二つの独立した経済科学」であり、「二つの科学の統一は、両学科において用いられる方法の同一性を示すことでは基礎づけることができない。」

(二) 経営経済学は現実に役立つべきであり、認識を自己目的とするグーテンベルクの純粋科学は無意味である。「経営経済学理論は、それが経営政策の実行のための道具とみなされるときにのみ、理解され有意味に形成される。」

(三) グーテンベルクは、数学的方法をあたかも数学万能主義の如く間違って用いており、量的に把握できず、それゆえ数量的方法に馴染まない問題を等閑視している。「人間行動に数学的手法を用いて接近しようとする研究は、あらゆる価値を喪失し、かつ思弁的理想郷に滑り込んでしまうことになる。」したがって人間問題の取り扱いに関しては、国民経済学よりもむしろ社会学や心理学の方向へ進むことが望ましい。

(四) 伝統的費用理論は経験的に十分妥当であり、グーテンベルクの批判は当たらない。収益法則は経験則なのであり、したがって「重要なのは経験だけであり、その経験から導かれるのは――それが自然法則でないかぎり――法則ではなく、単なる傾向にすぎない。」

ところで、こうしたメレロヴィッツの批判に対してグーテンベルクも応酬している。まず(一)に関して言えば、グーテンベルクは、「そもそも誰が両学科の統合などというスローガンを広めたのか、私の方こそ聞きたい」と述べ、自分としては統合の意図などまったくないことを強調し、むしろこの批判がメレロヴィッツの誤解に基づいていることを指摘する。

また㈡と㈢に関しても、グーテンベルクは、「私が収益法則の叙述に用いる（メレロヴィッツの言う）数学的方法は、私が研究する対象の性質に適していないのか」、あるいは「研究すべき対象の性質にふさわしい研究方法をとるべきだという原則に、数学的な関数概念の使用は違反しているというのか」と疑問を投げかけ、さらに理論の非現実性の批判に対しても、「経営的事態の科学的取扱いが要求する抽象度は、科学的研究の現実近接性や実践近接性とまったく関係ない」と反論した。

そして㈣についても、理論を実践のための単なる道具とみなすメレロヴィッツの立場に対して、グーテンベルクは「近似的な解で実践の要求が満たせるならそれで満足する人がいるかもしれないが、科学的な意味で問題はまだ解決していない」と主張し、「研究の科学的性格と価値にとって決定的なのは、研究が問題のない方法で、かつ一貫した思考で行われたかどうか」であり、したがって「経営経済学研究の科学的価値ないし無価値は研究対象の実践的重要性とは関係がない」と反論したのである。(5)

こうした議論は、さらにフィッシャー（G. Fischer）、レッフェルホルツ（J. Löffelholz）、ハックスといった多くの人々を巻き込み、その後数年に亘っていわゆる第三次方法論争が大々的に展開されることになった。

これまでの議論からも明らかなように、この論争は、伝統的な費用理論の経験的妥当性や経営経済学における数学的手法の利用の是非が一つの中心的テーマになっていたとはいえ、基本的には経営社会論争と同様、経営経済学の科学的性格をめぐる論争だったと言える。即ち、その争点は、斯学を認識獲得を目指した純粋な理論科学と捉えるのか、それとも実践に役立つ学際的な技術学と捉えるのかという問題に集約でき、グーテンベルクが理論学派を代表して、そしてメレロヴィッツが技術学派を代表してそれぞれ議論を戦わせたということである。

この論争は、当初はメレロヴィッツを支持する議論が多かったものの、一九五〇年代半ばになると論争そのものが次第に下火となっていった。しかし、一九六〇年代に入ると、今度はグーテンベルクやシェーファーらの理論学派に共鳴して、それを方法論的に支持するような著作が現れ始めた。シュライバー(R. Schreiber)やカッターレ(S. Katterle)といった人々の著作がそれである。これらの著作は、現代の科学哲学の分野で展開されている論理実証主義や分析哲学、批判的合理主義といった立場を拠り所としながら方法論を展開しているのが特徴であり、以後、ドイツ経営経済学の方法論議は第四次方法論争に向けて新たな展開を見せることになる(6)。

しかしここではその議論は措くとして、次節では、グーテンベルクがなぜ経済学的なアプローチを採用したのか、なぜ人間的要素を極力考察の外に置こうとしたのかについて、グーテンベルクの方法論的な考えを明らかにしてみよう。

第四節　グーテンベルク経営経済学の方法論的問題状況

第三次方法論争の最中、グーテンベルクは一九五五年に『経営経済学原理』第一巻に次ぐ第二巻

『販売論』を公刊したが、その一方で一九五七年五月二二日に行われたケルン大学の創立記念式典で「科学としての経営経済学(7)」と題する記念講演を行い、自らの方法論的立場を明らかにした。そこで、以下この講演を中心にグーテンベルクの方法論的主張を再構成してみることにしよう。

まず、グーテンベルクは科学一般について、かのヤスパース（K. Jaspers）に倣い、「科学が成立するのは常に、物自体、つまり対象が関心を呼び起こし、かつその説明が断片的ではなく、内的な関連によって一つのまとまった全体になる場合である」と述べる。そして世界の究明が進むほど科学的認識の対象領域も拡大し、新たな諸科学が生まれることになるが、その生まれ方には二通りあると説いた。即ち、元々ある科学の部分領域であったものが独立する場合と、新奇な発展によって生まれる場合である。

では新興の学問でありながら近年急速に市民権を得つつある経営経済学はどうかと言えば、グーテンベルクは「それは国民経済学から派生したものではなく、むしろ新奇な萌芽から生まれた」と考える。もしそうだとすると、その場合に問われるのが、経営経済学の独自性を特徴づける固有の研究対象とは何か、またそれが扱う問題とは何か、そしてこの学科が用いる方法とは何か、である。この講演は、まさにこれらを明らかにすることを目的としていた。

まず経営経済学の対象に関して言えば、グーテンベルクは、「今日、われわれの経済的関心の中心にあるのは経済全体の成長の問題」であり、その成長プロセスを担っているのは企業や経営と呼ばれる個別経済体に他ならないと説く。そして経済全体の成長プロセスが、経済のどの分野にあっても個別経済体の働きに依存しているとすれば、「個別経済的事態を知的に洞察し、かつ全体経済的事態との関係を科学的に分析すること」がますます必要となり重要となることは明らかだとする。グーテンベルクによれば、経営経済学の生成の背景にはこうした個別経済体への関心の高まりがあったのであり、したがって経営経済学の対象は何かと言えば、それは第一義的に企業や経営ということになる。

もちろん、単に経営経済学の対象を規定しただけでは、科学としての経営経済学の自律性を論じたことにはならない。というのも、経営経済学はこの対象をどのように研究するのか、つまり経営経済学に固有の問題設定とは何かが明らかでないからである。そこでグーテンベルクは、経営経済学の問題設定の歴史的変遷を踏まえた上で、今日なお解決されていない問題として次の三つを挙げた。

(一) 企業会計制度から貨幣価値変動を除去し、会計制度を企業経営の有効な手段とする問題。

(二) 費用の決定要因、その影響の度合、および定量的な把握に関する問題。

(三) 販売経済、販売政策に関わる問題。特に市場調査によって不確実なものを確実な期待に変換する問題。

これら三つの問題群は、実際にはさまざまに関係しているが、グーテンベルクによれば、まさにこれらの問題の解決が、科学としての経営経済学の課題なのである。

ところで、グーテンベルクによれば、このような経営経済学に対してしばしば、「その対象に一貫性と統一性が欠けている」との非難が投げかけられてきた。つまり、個々の研究成果がバラバラで内的な関係に乏しく、少なくとも外から見ればある種の不統一性を示しているというのである。グーテンベルクも、この非難があながち誤りでないことを認め、認識の全体を統一的な基礎から展開できなければ、「個々にはどんなに成功していようと経営経済学は未だに『不完全』と言わざるを得ない」と主張する。即ち、「個別的なものが個別的なものとして研究の関心にある限り、それはまだ科学とは言えない。個別的なものが全体から有意味に理解されるようになったときにはじめて科学が形成される」のである、と。

グーテンベルクによれば、一貫した経営経済学体系の構築を試みたのは、これまで唯一ニックリッシュ（H. Nicklisch）だけであるが、その試みは必ずしも成功しているとは言えない。また経営経済学の先達たちは、シュミット（F. Schmidt）にせよ、シュマーレンバッハ（E. Schmalenbach）にせよ、この問題に満足に答えてこなかったという。

例えば、ニックリッシュのように「経営ないし企業を労働する人間の集団」と捉えるやり方に関して言えば、グーテンベルクは「経営経済学の問題を労働する集団という社会現象から展開し、一つの一貫した関係を手に入れることは可能には違いない」としながらも、「この労働する人間の集団が経営経済学の大きな一貫した構成にとっての中心的な基準点としてふさわしいかどうかは疑わしい」と述べ、その理由として以下の三つを挙げた。

（一）第一に、この集団は社会関係の非常に緩やかな結合体であるに過ぎない。それには内的な結びつきが欠けている。この集団が一つの統一を成しているという事実は、単に労働組織の必要性に帰せられるに過ぎない。今日「インフォーマル」な集団形成と呼ばれる、この主として労働組織的に決定された構成体において形成される人と人との関係は、企業の理論の基礎として役立ちうるためにはあまりに不確かで流動的であり、それゆえ十分な経営経済的意義を有していない。

（二）第二に、私的所有に基づくわれわれの経済秩序において、企業の経営権や企業の存続・解散に関する意思決定は、企業の所有者に属しているのであって、企業の従業員にではない。

（三）第三に、労働する集団の観点から、そのような経営経済学が必要とするであろう経営における人間労働と経営手段との間の体系的統一性を確立することは、疑いなく容易なことではない。

以上のような理由から、グーテンベルクは経営経済学理論を労働する人間の集団の観点から構築する立場を否定し、これとはまったく異なる方向を取るべきことを提案する。即ち、前節でも述べた生産要素の結合過程としての経営の理解である。グーテンベルクによれば、どの企業もさまざまな労働給付や技術的な設備を用いて財やサービスを生産しているので、「労働給付と技術的な設備を生産要素と呼び、生産要素の投入量の結果を生産量ないし収益と呼べば、要素収益と要素投入との関係が得られる」ことになる。この関係は生産性関係であり、しかも「まさしく経営的な生産性関係」である。

では、なぜこの生産性関係が経営経済学理論の基本体系の基礎となりうるのだろうか。それは要素投入が特定の目標を志向して行われるからであり、それゆえ要素投入は生産要素の結合という意味で一つの統一体と理解できるからである。つまり、「生産要素は上位の原則〔例えば営利経済原則：筆者〕から一つの統一体に接合され、相互に体系的に関連付けられることになる。」こうして経営経済学が科学としての統一的で一貫した体系性を獲得することが可能となるのである（なお、グーテンベルクがなぜ人間中心的思考を排し、生産性関係を前面に置くのかについては、さらに次節で考察する）。

ところで、このような統一的な体系を獲得する方法とはどのようなものだろうか。

グーテンベルクはまず、方法は科学概念の一部であり、「科学的思考はそれ〔方法〕によって合理性、正確性、堅牢性、およびテスト可能性を獲得する」と説明する。そしてヴェーバー（M. Weber）やゾンバルト（W. Sombart）の理解的方法や理想型の議論などに触れながら、経営経済学研究における方法的なやり方には次の四つが区別できると主張する。即ち、（一）事実認識の獲得、（二）因果分析、（三）目的分析、そして（四）「理解」社会学の方法に従った分析、である。

グーテンベルクによれば、第一の事実認識の獲得、即ちデータの収集や整理は科学的分析の最初の一歩に過ぎない。というのも、科学の課題は「なぜそうなるのか」を認識することにあるからであり、それゆえ事実が「どうあるか」を単に知るだけでは不十分だからである。そこで重要となるのが第二の因果分析である。

経営現象には、企業内外のさまざまな要因が関わっているが、経営経済学が関心をもつのは、もしBの値が変化すればAの値はどう変化するか、といった類の因果関係である。グーテンベルクによれば、この因果関係の確立のために用いられるのが帰納的方法や演繹的方法である。

第三の目的分析とは、「特定の措置が特定の初期状態のもとでどのような結果をもたらすかを研究する」ことである。それは、特定の経営経済的目標の達成に向けられた応用的で技術的な研究と言える。

そして第四の理解社会学の方法とは、企業を全体的な構成体として分析するために、理想型や現実型の形成と理解を通して意味内容を明らかにしようとするものである。

このような議論は、理論の検証というよりはむしろ発見の方法に関わるものであり、今日の科学論の議論の水準から見れば不十分と思える点もあるが、しかし以上からも明らかなように、グーテンベルクは企業や経営を経営経済学の対象とし、それを生産性関係の観点から捉えて因果的に分析することで、科学としての経営経済学の全体的な一貫性と統一性を実現させようとしたのである。

第五節　グーテンベルク経営経済学における人間的要素

前節で見たように、グーテンベルクは経営現象を労働する集団といった人間的要素に還元して説明することに批判的であったが、その背景には、人間的要素のもつ非合理性ないし不確定性の問題がある。そこで本節では、この点に関するグーテンベルクの考えを明らかにしてみよう。

グーテンベルクは、すでに一九二九年の著作『経営経済学理論の対象としての企業』(8)において、この問題を扱っている。グーテンベルクはまず、「それなしには経営経済が存在しえない三つの究極的な基礎事実」として、「合理性原理」「物心的主体」「経営経済的材料」を挙げる。ここで物心的主体とは、意識的で能動的な人間の働きを意味するが、それが究極的な基礎であるというのは、そもそも「企業は自然によって与えられたものではなく、むしろそれを作ろうとする人間の意思がなければ存在しない」からである。したがって、まさにここに、「『もの』の世界それ自体が直接的に与えられている」自然科学との決定的な相違が存在する。つまり「経済において自然法則を語ることは許されない」のである。

しかもグーテンベルクによれば、この物心的主体には非合理的な要素がつきまとっている。つまり物心的主体には「経済的な措置に対する個人的な能力に限界があり、かつそれ自体では正しい措置を完全に実行する手段がしばしば欠けている」ために、「実践では経済原則が不完全にしか実現されない」ことになる。

しかしながら、物心的主体が非合理的な要素をもっているからといって、理論的な経営経済学の可能性が否定されるということではない。たしかに、「企業において運動している本来的要素である人間は物心的主体として定量化できない」が、それにもかかわらず「経営経済には、もしそう言って誤解を招かなければ経営経済『法則』とでも言いたくなるような規則性が存在しているはずだ」とグーテンベルクは考える。

というのも、具体的な経営経済状況は不規則で計算不可能という意味で何か「偶然的なもの」がつきまとっているとはいえ、「主体の行為は、その思考が方向づけられる…基本要素である原則にしたがって決定される」からである。そしてこの原則こそ、グーテンベルクの言う合理性原理なのである。

ではこの合理性原理とは一体何だろうか。これに関して、グーテンベルクはまず、「あらゆる人間行為にとって特徴的なのは、それが目的手段関係において遂行されることである」と主張する。つまり、人間の決断や「理性的」行為はすべて目的手段関係での思考に基づいているのであり、そうでなければ（つまりそれが手段と目的とが整合的でないような非目的的行為であれば）それは「非理性的」と呼ばれるのである。このように考えると、「合理性」とは「目的手段の関係に則った」ものと理解でき、こうしてここに人間的要因に囚われないある種の規則性の追求が可能となるのである。

それは言い換えれば、「あたかも物心的主体がまったく存在しないかのように物事を考察する」ということであり、こうして物心的主体は「経営経済学理論の対象としての企業から除去される」ことになるのである。

ここで留意すべきは、この合理性原理は、経済性原理や収益性原理とは区別されるべきものということである。というのも、合理性原理が問題にしているのはあくまでも目的と手段との関係であり、したがって「合理性」それ自体には企業目的の具体的内容は含まれないからである。

このような思考は、『経営経済学原理　第一巻　生産論』においてもそのまま引き継がれている。すでに見たように、グーテンベルクは生産要素論において、人間労働給付を、「直接に給付生産、給付販売および財務職分に関連する」対象関連的労働給付と、「経営過程の指導、統制に関連する」管理的労働給付とに分類し、後者をあえて第四の生産要素として独立させた。そしてこの第四の要素に関して、グーテンベルクは、「第四要素において、数量化できない個別的特性をもつその担い手が問題となる限り、合理的にそれ以上分解できないものが残る。これがまさに第四要素における根本的な非合理性の根源を成している」と述べる。

しかしその一方で、グーテンベルクは「計画的な事前の考量がなければ、いかに強い個人的原動力も、いかに大きな経営政策的目的設定も、効果をもたない」とも主張し、「計画」が生産、販売、財務といった経営過程を偶然性から解放してくれることを指摘する。即ち先に述べた目的手段関係での思考である。

こうして「経営実行はますます高度に物化し非個人化してゆき、即応処理は計画により代位され、自由意志は方法により代位」されることになる。しかしながら、グーテンベルクによれば、それにもかかわらず「営業－経営指導によってなされるべきすべての決定には、合理的にもはや解決し得ず理解できない要因がある。というのは、この決定はその決断を行う人間の個性から生れる」ものだからである。

それゆえ、たとえどんなに科学化が進んだとしても、「すべての営業－経営指導的活動は依然として…非合理的混合物」なのであり、その意味で「数量化方法はただ限定された妥当領域をもつにとどまる」ことになる。言い換えれば、「営業－経営指導における管理的自由はいかなる公式にもならない」のであり、「われわれはここにおいて科学的努力の限界に突き当たる」のである。

以上の主張からも明らかなように、グーテンベルクは数学的表現を多用したからと言って決して人間問題を無視していたわけではない。むしろ人間の自由意志を尊重し、その非合理性が不可避であることを前提に、どこまで合理化が可能かを追究していくのが科学の課題だと考えているのである。数学的手法はその際に明晰性と客観性を保証するための手段にすぎない。

このように見ると、続く第四次方法論争において、グーテンベルク学派をはじめとする理論学派がなぜ批判的合理主義の科学論に共鳴したかが明らかになる。(9) というのも、批判的合理主義の提唱者ポパー（K. R. Popper）は、反心理学主義の立場から合理性原理、状況の論理といった議論を展開し、理論科学としての社会科学の可能性を説いているからである。(10) その意味で、グーテンベルクの「科学」に対する基本的な考え方は、今日的な観点から見ても十分に支持可能なものであり、とりわけ理論科学を標榜する人たちの中で受け継がれ、生き続けていると言えよう。

（榊原　研互）

注

（1）Jehle, E., *Über Fortschritt und Fortschrittskriterien in betriebswirtschaftlichen Theorien*, Stuttgart 1973, S. 76ff. 参照。

（2）経営社会論論争の詳細については、小島三郎『戦後西ドイツ経営経済学の展開』慶應通信、一九六八年を参照。

（3）Gutenberg, E., *Grundlagen der Betriebswirtschaftslehre, Bd. 1. Die Produktion*, Berlin/Göttingen/Heidelberg

1951.（溝口一雄・高田馨訳『経営経済学原理　第一巻　生産論』千倉書房、一九五七年。）

（4）イェーレはグーテンベルク理論を経営経済学の最初のパラダイムと位置づけている。Jehle, *a. a. O.*, S. 76を参照。

（5）この反論については、Gutenberg, E., Zum 'Methodenstreit', *ZfhF*. 5. Jg. 1953, S. 327-355を参照。

（6）第四次方法論争については、小島三郎『現代科学理論と経営経済学』税務経理協会、一九八六年、および永田誠『経営経済学の方法』森山書店、一九七九年を参照。

（7）Gutenberg, E., *Betriebswirtschaftslehre als Wissenschaft*, Kölner Universitätsreden 18, Krefeld 1957.

（8）Gutenberg, E., *Die Unternehmung als Gegenstand betriebswirtschaftlicher Theorie*, Berlin/Wien 1929.（高橋慧訳『経営経済学の対象としての企業』法律文化社、一九七八年。）

（9）グーテンベルクの弟子のアルバッハは、「科学としての経営経済学の要求基準」として、（一）Wenn-Dann（if-then）言明であること、（二）価値自由であること、（三）時空的限定なしに妥当すること、（四）客観的であること、（五）反証可能性をもつこと、を挙げている。Albach, H., Betriebswirtschaftslehre als Wissenschaft, *ZfB-Ergänzungsheft*, 1993, S. 8f.

（10）批判的合理主義における社会科学の方法については以下の文献を参照されたい。
Popper, K. R., *The Poverty of Historicism*, London/Henley 1957.（久野収・市井三郎訳『歴史主義の貧困』中央公論社、一九六一年。）
榊原研互「経営学の方法論的基礎づけ―批判的合理主義の適用可能性に関する一考察―」『経営哲学』第六巻一号、二〇〇九年七月、四一―五五頁。

第三章　グーテンベルクの生産論

第一節　はじめに

ドイツの一九二〇～三〇年代即ち第一次大戦に続くヴァイマル期からナチス期に至る時期は、ドイツ経営経済学の黄金時代であった。かつて四大巨頭といわれたシュマーレンバッハ（E. Schmalenbach）、ニックリッシュ（H. Nicklisch）、シュミット（F. Schmidt）およびリーガー（W. Rieger）が活躍したのはこの時代であった。これらの四人の巨匠の思考はさまざまな形で現在の経営経済学において継承されている。

上述の四大経営経済学者の研究は、いずれも、一九二〇～三〇年代のインフレ、合理化運動、経済恐慌、戦時経済体制を背景としている。グーテンベルクは、この時代のドイツ企業の実践的要請に基づく①原価の問題、②計算制度の問題、③販売経済の問題という三つの問題を指摘し、それらが経営経済学の主要領域を形成するということを述べた。(1) 経営経済学の主たる問題はこの時期の経済的事実に根差して生成した。

グーテンベルクは、第二次大戦後に、三つの問題のうちの原価の問題について考察した研究を明らかにした。それが『経営経済学原理』（第一巻、生産篇）である。[2] それは一九五一年のことで、ドイツ経済が高度成長期の幕開けを迎えた頃であった。この研究はさまざまな意味において画期的であった。しかして、彼の研究が公にされたことをきっかけとして、いわゆる原価論争が始まり、それがやがて経営経済学の方法論争へと発展したことは周知のとおりである。

本章においては、グーテンベルク経営経済学の中でも主要な部分を形成している生産論をめぐる問題について明らかにする。彼の生産論は生産要素論、生産要素結合論および経営類型論から構成されており、これらの諸問題が考察の対象となる。

第二節　グーテンベルク生産論の構成

グーテンベルクの生産論の源泉は、一九二〇年代における合理化過程に求めることができる。[3] 彼が一九二九年に最初の著書である『経営経済理論の対象としての企業』[4] を世に問うたことは周知のことである。この研究は、企業の現実問題を自覚して、それに基づく経営経済学の体系化を意図した書物であった。グーテンベルクは企業を諸量の複合体として把握して、このような理論的認識に基づいて数量的諸問題を捉えることに経営経済学の目的があると考えた。[5] このような考察様式は、後年まで変わることなく、終始一貫してグーテンベルクの理論を貫いていたのである。そして、彼は、「個別経済としての企業がいかにしてそのような理論（＝経営経済理論―引用者）の対象となり得るか」[6]ということの考察に腐心したのであった。

複雑多様な現実の企業は、いかにして把握され得るか。いうまでもなく、限られた能力しかもち合わせていない人間がそのような企業を直接的に一挙に把握することは不可能である。然るべき認識の手段が必要である。グーテンベルクにとって認識の手段となっているのは経営過程あるいは経営経済的過程であり、それが理論的な出発点となっている。[7]グーテンベルクは、実物財とサービスを生産・販売するための調達、生産および販売という一連のプロセスを経営過程とみなしている。それは、今日の経営経済学において価値創造過程といわれている概念に相当する。グーテンベルクはかかるプロセスを生産要素が結合されるプロセス即ち結合過程として把握しており、それが認識の拠点になっているのである。このように経営過程をあくまでも結合過程として捉えることがグーテンベルク理論の真骨頂であり、彼の経営経済学の本質がそこにあるといえる。

このように、グーテンベルク生産論の特徴は生産要素の結合という理論的認識に見られる。実際、彼にあっては、経営が生産要素の体系として理解されており、結合過程が「生産性の関係」[8]の問題として捉えられているのである。そして、それが「経営活動の基本関係」[9]として考えられている。それゆえ、いかなる生産要素がいかようにして結合されるのかということが重要であり、生産要素の体系と生産要素の結合が主要問題として意識され、それらがそれぞれ生産要素論および生産要素結合論としてグーテンベルク生産論の中核的な部分を形成しているのである。

今日の生産理論（Produktionstheorie）では、生産システムは投入、生産過程および産出という三つの要素から構成されるものと考えられている。生産過程は投入された生産要素が結合される過程であり、変換過程とも称される。グーテンベルクの所説における結合過程は、生産システムのみならず、価値創造過程における調達および販売をも含むきわめて広い概念である。したがって、グーテンベルクにあっては、企業がそのような意味における結合過程として説明されているのである。

グーテンベルクの生産論は、生産要素論、生産要素結合論および経営類型論から構成されている。生産論の第一の構成要素は生産要素論である。結合過程の定性的分析を担っているのがこの生産要素論である。それにおいては、結合される客体と結合を行う主体の体系が明示される。そして、生産要素の最適な結合が行われるための諸条件が追求されている。

次に、生産要素の体系を基礎として、第二の構成要素たる生産要素結合論が考察の対象とされている。それは、結合過程における結合現象そのものを定量的に分析することを課題とする。そして、生産要素結合の数量的側面を対象とする生産関数論と価値的側面を対象とする原価理論（Kostentheorie）が生産要素結合論の主たる内容となっている。

グーテンベルク生産論の第三の構成要素たる経営類型論をどのように把握するべきか。すでに明らかなように、グーテンベルクは経営を生産要素の体系として捉え、生産要素の結合を問題とした。彼は単なる経営を考察の対象としていたのか。この問題をめぐっては、彼の経営経済学の対象が、企業（一九二九年）→経営（一九五一年）→企業（一九六六年）という如くに変遷したという見解もある[10]。しかしながら、彼の経営経済学の対象は一貫して企業であった。即ち、生産要素の結合は超歴史的かつ超社会的な経営において行われるのではなく、それは、現実に存在する企業において行われるのである。したがって、それは資本主義生産の一貫としての企業における生産要素結合なのである。そのような論理を展開するためには、無色透明の単なる経営が意味づけられなくてはならない。そのための論理を提供するのが経営類型論である。

経営類型論によると、経営は、生産要素の体系、経済性原理および財務的均衡原理という体制無関連的事実によって規定される。それゆえ、経営とは経済性原理と財務的均衡原理に基づく生産要素の体系ということになる。しかし、それはあらゆる経済体制に共通する性格をもち、具体的なものとして現実に存在するものではない。かかる経営を意味づけるのが、体制関連的事実である。即ち、単なる経営が、資本主義経済体制関連的事実（自律原理、営利経済原理、単独決定原理）と関連づけられることによって、資本主義経済体制に固有の経営類型たる企業として認識されるのである。それは、「経営は、グーテンベルクによれば、決してそれ自体として存在するのではなく、何らかの具体的な経営類型＝企業となって現れざるをえないのである」[11]と言われるとおりである。それゆえ、経営類型論はグーテンベルクの考察対象を明確にするという重要な役割を担っているのであって、それはあくまでも生産論の重要な部分として理解される必要がある。換言すると、それは生産論の一部として取り上げられることにこそ意義を認めることができるのである。このような論理によって、経営過程が企業における結合過程として意味づけられることとなる[12][13]。

第三節　生産要素論

生産要素は、基本要素、処理的要素および付加的要素から成っている。[14]

基本要素としては、管理職能を遂行しない人間労働給付（＝対象関連的労働給付）、広義の経営手段および材料が挙げられる。この場合、広義の経営手段は、狭義の経営手段（機械、装置、建物、工具など）と経営材料（エネルギー、冷却材、潤滑材など）に、材料は原材料、補助材料および外部から購入される中間生産物などに細分され得るのである。また、処理的要素とは、管理職能を遂行する人間労働給付のことである。それは基本要素を結合する結合的要因とも称される。

以上のような生産要素は、生産過程における費消態様の相違により、費消要素あるいは反復要素と潜在要素に分けられる。

費消要素（反復要素）は、生産過程に投入されると即座に費消され、再び生産に利用することができないものである。これには、材料と経営材料が属する。

潜在要素とは、生産過程において特定の働きをするもので、生産物の実体を形成するものではない。かかる生産要素は長期にわたって徐々に費消され、繰り返し生産に用いられ得るのである。潜在要素は物的潜在要素（狭義の経営手段）と人的潜在要素（人間労働給付）に細分される。

上述の基本要素と処理的要素の他に、なお一群の生産要素がある。それらは、数量で明確に捉えられないもので、付加的要素という集合概念で表現される。

以上において示したような生産要素の体系の基礎はグーテンベルクによってもたらされた[15]。彼は、まず、基本要素（対象関連的人間労働給付、経営手段および材料）と処理的要素を区別した。そして、これらの三種類の基本要素の最適生産性条件が詳細に考察されている。生産要素は、生産物の生産のために生産過程に投入されるものであるが、すでに述べたように、グーテンベルクの所論においては、生産システムを中心として調達および販売をも含む経営過程が結合過程として把握されている。かかるプロセスにおいて生産要素が結合される。ところが、生産要素は自動的に結合するわけではない。生産要素結合の客体と主体を明示する必要がある。この場合、客体は基本要素であり、主体は結合的要因としての処理的要素である。グーテンベルクは、この処理的要素の重要な意義に着目して、これを第四の生産要素とみなしたのである。この処理的要素の職分は、本来的には、業務・経営管理である。そのための手段として、計画策定、組織および統制が考えられており、これらは派生的要素とみなされている。

グーテンベルクが提示した基本要素に相当するものは、例えば、一九二〇年代におけるヘルヴッヒ（A. Hellwig）の研究[16]に見られる。しかし、第四の生産要素としての処理的要素という思考は、グーテンベルクの研究の出現を待たなければならなかった。

第四節　生産要素結合論（その一）——生産関数論——

生産理論は、生産過程における生産要素投入・費消量と量的収益（産出）の関係を分析・説明することを課題としている。その際、投入と産出の間の量的関係が生産関数で表されることとなる。生産関数は、生産理論における最も重要な部分となっており、同時にきわめて有用な用具であると言える。

いま、n種類の生産要素を考え、それらの投入量を$r_1, r_2, \cdots\cdots, r_n$とする。また、簡略化のために一種類の生産物が生産されるものとし、その産出量をxとする。この場合の生産関数は、次のように表される。

$$x = f(r_1, r_2, \cdots\cdots, r_n)$$

このような生産関数が経営経済学において本格的に取り上げられるようになったのは、グーテンベルクの生産論以降のことである。それまでのシュマーレンバッハやメレロヴィッツ（K. Mellerowicz）などのいわゆる伝統的原価理論においては、原価理論が生産理論によって基礎づけられておらず、したがって、原価関数が生産関数に基づくものではなかったのである。この点に、彼の生産論の画期的な特徴が看取され得るのであって、そのことが伝統的原価理論とグーテンベルク原価理論の決定的に異なる点であるとみなされている。[17]

グーテンベルクの理論が世に現れるまでに知られていた生産関数は収益法則（Ertragsgesetz）に基づくものであった。それは国民経済学において形成されていたもので、グーテンベルクはそれをA型生産関数と称している。

この生産関数は、「生産要素は一定の範囲内において代替可能である」ということを前提としている。これに基づいて論理が構築されているので、A型生産関数は代替的生産関数とも言われる。そして、有名なS字型の収益曲線が描かれた。[18] グーテンベルクは、このA型生産関数の現実妥当性を吟味し、それが工業生産においては支配的なものではないと断定した。その結果、彼によって生産要素の代替を認めない制限的生産関数であるB型生産関数が新たに提起されたのである。

このような生産要素の代替可能性の否定とともに看過されてはならないのは、産出と投入の間接的関係の指摘である。A型生産関数は、生産要素投入量を独立変数、産出量を従属変数としており、両者の直接的関係を説明しようとしている。それに対して、グーテンベルクは、両者の間に個々の生産の場を介在させ、産出量と生産要素投入量・費消量の関係を間接的に説明しようとしている。そのために構築されたのが費消関数なるコンセプトである。費消関数は、要求される生産速度ないし強度を独立変数として措定することによって、従属変数としての生産要素投入量・費消量を説明しようとするものである。

投入要素 i の投入・費消量を r_i とすると、それは技術的特質と例えば設備（生産の場）に要求さ

れる強度 d_j に依存する。技術的特質を不変と仮定すると、r_i は、

$$r_i = f_i(d_j)$$

となる。d_j は生産量の関数であるから、$d_j = g_j(x)$ である。したがって、

$$r_i = f_i(g_j(x))$$

となる。これをすべての投入要素（$i = 1, 2, \ldots\ldots, n$）とすべての設備（生産の場）（$j = 1, 2, \ldots\ldots, m$）について考えると総投入・費消量が算定される。以上のことから、次のような関係が明らかである。

産出量 →→→ ［強度 → 要素投入量・費消量］ →→→ 原価の量的構成要素

費消関数

このようにして得られた原価の量的構成要素に価値的構成要素を関係づけること即ち評価を行うことによって原価が把握される。したがって、この点において、生産理論と原価理論の接点が存在するのであって、生産理論を基礎とする原価理論の構築というグーテンベルクの構想が明白となる。

代替的生産関数であるA型生産関数が一方の極端であるとすると、制限的生産関数としてのB型生

産関数はもう一方の極端である。即ち、生産要素の代替について、全面的に肯定する理論と全面的に否定する理論が対峙しているという構図が明らかである。

しかしながら、現実においては生産要素の投入比率を変えることができる生産も存在する。それは化学工業や製鋼業においてみられる。例えば、鋼は、ベッセマー法、トーマス法、ジーメンス・マルタン法、純酸素吹上法などによって生産されるが、その場合、生産要素たる銑鉄と屑鉄はさまざまな投入比率で結合されるのである。これらのことから明らかなように、一般的な生産関数としては、生産要素の代替をも包含するものであることが必要である。それゆえ、ハイネン（E. Heinen）は、代替的関係と制限的関係を考慮する新たな生産関数として、C型生産関数を提起したのである。[19] これは、綿密なコンセプトに基づいて、B型生産関数を改良・拡張したもので、より現実的な生産関数であるとみなされている。

第五節　生産要素結合論（その二）――原価理論――

一　グーテンベルク原価理論の特質

ハイネンは、総合的モデルと分析的モデルを峻別し、原価理論を総合的原価理論と分析的原価理論として類型化した。[20]

総合的原価理論はシュマーレンバッハやメレロヴィッツ等の原価理論によって代表され、全体経営を考察対象とする。そして、操業が支配的な原価作用因とみなされ、もっぱら操業と原価の関係が考察される。その際、他の原価作用因の影響は操業の変化となって現れるものと考えられていた。そして、彼らの原価理論は生産理論を基礎とするものではないが、経験的に原価曲線がつねに逆S字型（三次曲線）になるものと考えられていた。それに対して、グーテンベルクやハイネンの原価理論は分析的原価理論といわれる。それは、経営の部分単位を考察対象として、原価と多様な原価作用因の関係を説明せんとしている。

グーテンベルクの考察態度はすぐれて分析的であり、生産関数および原価関数が個々の経営部分単位において把握されようとしている。また、彼は、原価作用因としては、要素質、要素価格、操業、経営規模および生産プログラムを挙げている。そして、これらの作用因と原価の関係が孤立的考察方法に基づいて明らかにされている。このようなグーテンベルクの考察様式はハイネンによって深化させられ、きわめて分析的な理論が展開されている。即ち、彼は基本結合（E結合）と反復関数を中心概念とするC型生産関数を提起し、基本結合一回あたりの生産要素費消量を問題にしている。グーテンベルクが考察対象とした生産場所ではなく、そこでの生産行為一回あたりの生産要素投入・費消を明らかにしようとするものである。また、ハイネン原価理論においては、きわめて多様な原価作用因も指摘されている。ただし、操業はそれぞれのパラメータの問題に分解されて生産関数および原価関数に組み入れられており、独立の原価作用因とはみなされていない。

以上の如き総合的原価理論と分析的原価理論は、それぞれが生産理論を基礎とするものと生産理論を基礎としないものに細分され得る。[21] これまで、生産理論を基礎としない総合的原価理論が伝統的原価理論、生産理論を基礎とする分析的原価理論が近代的原価理論といわれてきた。[22]

以下においては、グーテンベルク原価理論における無効費用（Leerkosten）の理論と適応（Anpassung）の理論について考察することにする。

二　無効費用の理論

無効費用に初めて言及したのは、一九三九年のブレット（O. Bredt）の論文[23]であった。しかし、この概念を生産・原価理論の中に体系的に導入したのはグーテンベルクの功績である。

固定費（fixe Kosten）は実質的には経営準備原価として把握されるが、それは、潜在要素を経営準備の状態におくことによって、生産能力原価および給付準備原価として生じる。[24] この潜在要素が生産単位または生産システムの生産能力を規定する。[25] 固定費を生産能力に対応させることにする。生産能力は必ずしも完全利用されるとはかぎらないので、利用される生産能力と利用されない生産能力を区別することができる。それに照応して、固定費に関して、利用される生産能力に対応する固定費部分と利用されない生産能力に対応する固定費部分が区別され得る。前者が有効費用（Nutzkosten）であり、後者が無効費用である。生産能力には量的なものと質的なものがあるので、かかる無効費用も量的無効費用と質的無効費用に分けられる。[26] ただし、グーテンベルクにおいては後者は意識されていない。

以下においては、無効費用に関連する基本的な部分について解説することにしたい。いまある潜在要素の固定費をQ、生産量をxとすると、有効費用と無効費用はxの関数として示され、それぞれ$K_n(x)$および$K_l(x)$である。両者の合計はつねにQに等しい。

$$Q = K_n(x) + K_l(x)$$

ある設備の生産能力をmとすると、$K_n(x)$と$K_l(x)$はそれぞれ、

$$K_n(x) = x \cdot Q/m$$
$$K_l(x) = (m - x) \cdot Q/m$$

と表される。

生産能力完全利用（$x = m$）の場合は、$K_n(m) = Q$、$K_l(m) = 0$、生産能力利用がゼロの場合（$x = 0$）は、$K_n(0) = 0$, $K_l(0) = Q$である。このことから明らかなように、有効費用と無効費用は生産能力の利用の程度を示すもので、実践においては無効費用をできるだけゼロに近づけることが目指されるのである。無効費用が収益性と流動性の圧迫を通じて、企業に大きな負担を課するからである。それは固定費問題（Fixkostenproblem）といわれる。[27]

かつて、ケルン（W. Kern）が指摘したように、[28]固定費は生産能力が完全に利用される場合にのみ正当化され得るのであるから、「経営管理者にとっては、・・・・固定費がどのくらい利用されてい

るかということを知ることは重要である」[29]といえる。したがって、グーテンベルクがそのための統制用具を生産・原価理論に導入したことの意義はまことに大きい。

グーテンベルクの固定費理解について言及しておきたい。彼は、一九五六年の「生産・原価理論の未解決問題」という論文において、①企業の技術的あるいは管理的な機構のある種の分割不可能性および②企業管理者の経営政策的決定を固定費の発生原因とみなした[30]。

操業に依存しない原価としての固定費は、実質的には経営準備原価である。すでに述べたように、それは潜在要素を経営準備の状態におくということによって発生する。それゆえ、グーテンベルクが挙げている二つの原因は固定費の発生を説明するものではない。それでは①と②は何を表しているか。それらは無効費用の発生原因である。したがって、グーテンベルクの所説においては、固定費の発生原因と無効費用の発生原因が取り違えられているのである[31]。そのことは、彼が無効費用の発生を重要視していたことの証左である。グーテンベルクは、生産能力の可及的大なる利用を達成することにより、固定費を可能な限り有効費用化すること（無効費用をできるだけゼロに近づけること）に大きな関心をもっていたのである。グーテンベルクにとって固定費の問題とはどこまでも無効費用の問題であった。

三　適応の理論

伝統的に操業変化が経営の原価水準にどのように影響を及ぼすかという問題は一義的に考えられ、

全体原価曲線の経過はつねに三次曲線になると考えられていた。それは、シュマーレンバッハやメレロヴィッツのような生産理論を基礎としない原価理論においても、収益関数の逆関数としての原価関数を導出する国民経済学的な原価理論においても同様であった。それに疑問を感じたグーテンベルクは、操業と原価の間に処理的要素による意思決定を介在させようとした。それが適応の問題である。彼は、「われわれは操業の変化がいかようにして経営の生産原価に影響を及ぼすかということを研究しなければならない。この場合、操業変動に生産技術的に適応するいかなる可能性が経営に対して存在するかという先決問題が定立されねばならない[32]」と述べている。グーテンベルクは、経営が操業変化に対処する態様を適応と称している。そして、工業生産においていかなる適応の可能性が存在するかということが問題とされ、それぞれの適応形態の原価に及ぼす影響が考察されることになる。グーテンベルクの適応の理論の概要は以下の通りである。

操業変動と生産量変化は厳密に考えると等しくはないが、ここでは両者が同じものと考える。生産量は三つの要因に分解することができる。三つの要因とは、生産速度、生産時間および生産システムの数（潜在要素あるいは設備等の数）である。

したがって、それぞれを d、t および m で表し、生産量を x とすると、

$$x = d \cdot t \cdot m$$

となる。例えば、生産速度即ち時間単位あたりの生産量（d）を六単位、生産時間（t）を八時

間、設備の数（m）を一〇とすると、総生産量は四八〇単位となる。いま、需要の変動に対処するために、生産量を半減させることが必要な場合、実施され得る方策としては、

① 生産速度を三単位にする。

→総生産量＝3・8・10＝240

② 生産時間を四時間にする。

→総生産量＝6・4・10＝240

③ 利用する設備の数を五台にする。

→総生産量＝6・8・5＝240

が考えられる。①の場合が強度的適応、②の場合が時間的適応、そして③の場合が量的適応といわれる。

強度的適応の場合は、生産時間および利用設備の数は一定という条件の下で、もっぱら生産速度により生産量は変化させられる。この適応形態は、例えば溶鉱炉での銑鉄の生産や化学的生産過程などの生産時間および設備の数を変化させることが不可能な生産過程で実施される。ただし、各生産過程で最適な生産強度があり、最適を上回る生産速度による生産量の増加は原価の逓増を惹起することになる。

時間的適応の場合は、生産速度と利用設備の数が一定という条件の下で、生産時間を変えることによって生産量の変化が図られる。通常は、最適な生産速度（原価最小の生産速度）が前提とされ、生

産時間の増減による生産量の調節が行われる。これは最も一般的な適応形態であると考えられる。量的適応の場合は、投入される設備などの数が変化させられる。例えば、生産量の減少が一部の設備の休止によって達成されたり、設備の追加的投入によって生産量が増加させられたりする。この量的適応に関して、同質の設備等が前提とされる場合は純粋の量的適応といわれる。それに対して、質の異なる設備等の代替的投入や追加的投入が行われたり、休止が実施されたりするならば、生産要素の質的な選択が必要となり、選択的適応といわれる。この選択的適応の場合は、つねにより小さな原価を実現することが企図されるのである。

実践では、これらの三種類の適応形態が組み合わされて生産量の変化に対処されることが多い(33)。

第六節　おわりに

本章においては、グーテンベルクの生産論を生産要素論、生産要素結合論（生産関数論、原価理論）および経営類型論から成るものとして考察してきた。生産要素論と生産関数論は生産理論の範疇に含まれるから、彼の生産論の大部分はいわゆる生産・原価理論（Produktions- und Kostentheorie）として把握することができる。そして、経営類型論はそれを意味づける役割を担っている。即ち、グーテンベルクの所説は単なる経営の理論ではなく、どこまでも資本主義企業の生産・原価理論なのである。

すでに明らかなように、彼は、生産・原価理論のそれぞれの領域において大きな足跡を残した。それは、処理的要素、Ｂ型生産関数、無効費用の理論、適応の理論などに関して見られる。これらは、いまや経営経済学の重要な共有財産となっている。[34]

グーテンベルクの理論を考察する際に看過してはならないのは、それが戦後西ドイツの高度成長期を背景として生まれ出たということである。周知のように、当時の西ドイツでは、膨大な未利用生産能力が存在しており、それの維持と可及的大なる利用が焦眉の問題であった。また、生産をさらに拡大しなければならないということも経済および企業に課せられた大きな課題であった。そのような実践の要求に応えるべく登場したのが、グーテンベルクの生産論であった。したがって、そのような文脈において、処理的要素、Ｂ型生産関数、無効費用の理論、適応の理論の意味が考えられなければならない。それらは、高度成長を遂げつつある経済の下での企業の政策と行動を把握するための理論的用具として理解される必要がある。また、直線的に経過する全体原価の主張も同様である。即ち、企業の拡大・成長のための処理的要素、Ｂ型生産関数、無効費用の理論、適応の理論なのである。この点に現実科学としてのグーテンベルク経営経済学の意義が見出され得るのである。

（深山　明）

注

（1） Gutenberg, E., *Betriebswirtschaftslehre als Wissenschaft*, Krefeld 1957, S. 13 ff.

（2）Gutenberg, E., *Grundlagen der Betriebswirtschaftslehre, Erster Band, Die Produktion*, Berlin/Göttingen/Heidelberg 1951.

（3）吉田和夫「グーテンベルク経営経済学の基礎」『商学論究』三六号、一九六一年、一五九頁。吉田和夫『グーテンベルク経営経済学の研究』法律文化社、一九六二年、一三頁以下。吉田和夫『ドイツ企業経済学』ミネルヴァ書房、一九六八年、一六四頁以下。吉田和夫「グーテンベルク経営経済学の性格」『商学論究』第一五巻第二号、一九六七年、一五頁。

（4）Gutenberg, E., *Die Unternehmung als Gegenstand betriebswirtschaftlicher Theorie*, Berlin/Wien 1929.

（5）吉田、前掲論文、一九六一年、一六〇頁。吉田、前掲書、一九六八年、一六六頁。

（6）Gutenberg, *a. a. O.*, Vorwort.

（7）Gutenberg, *a. a. O.*, S. 24 ff.; derselbe: *Einführung in die Betriebsurtschaftslehre*, Wiesbaden 1958, S. 27. このことについては、吉田和夫「グーテンベルクの最適度原理」『商学論究』第九号、一九五四年、一五四頁も参照。

（8）これは、主著の第一版（一九五一年）においては、経済性（Wirtschaftlichkeit）の問題として説明されていたが、第二版以降において、生産性の関係ということに修正されている。Gutenberg, E., *Grundlagen der Betriebswirtschaftslehre, Erster Band, Die Produktion*, 2. Aufl., Berlin/Göttingen/Heidelberg 1955, S. 9.; derslbe: *Einführung in die Betriebswirtschaftslehre*, S. 27.

（9）Gutenberg, *Einführung in die Betriebsurtschaftslehre*, S. 27.

（10）小島三郎「グーテンベルク学派における経営経済学研究の変遷（一）」『三田商学研究』第一三巻第五号、一九七〇年、五八頁以下。また、小島三郎『戦後西ドイツ経営経済学の展開』慶応通信、一九六八年、四三二頁以下をも参照。

（11）吉田「グーテンベルク経営経済学の性格」二七頁。Vgl. auch Wassmuth, B., *Entwicklungslinien der Betriebswirtschaftslehre*, Marburg 1997, S. 48 f.

（12）第三節以下においては、グーテンベルク生産論の生産要素論および生産要素結合論を説明するが、経営類型論についてはこれ以上は立ち入らない。それらについては、第四章を参照されたい。

(13) このことをいち早く指摘したのは、高田教授であった。高田馨「グーテンベルク経営経済学の構造」『会計』第六五巻第一号、一九五四年、一一七頁以下を参照。

(14) これに関しては、深山明・海道ノブチカ編著『基本経営学』同文舘出版、二〇一〇年、七八頁以下参照。

(15) Gutenberg, E., *Grundlagen der Betriebswirtschaftslehre, Erster Band, Die Produktion*, S. 14 ff.

(16) Hellwig, A., *Neue Wege wirtschaftlicher Betriebsführung*, Berlin/Leipzig 1958, S. 8 ff.

(17) 尾畑裕「ドイツ生産・原価理論の展開と原価計算」『商学研究』第三九号、一九九八年、二三〇頁。尾畑裕『ドイツ原価理論学説史』中央経済社、二〇〇〇年、二二八頁。

(18) その逆関数として逆S字型の経過を示す原価関数（Kostenfunktion）が導かれた。

(19) Heinen, E., *Betriebswirtschaftliche Kostenlehre, Band 1*, Wiesbaden 1965.

(20) Heinen, *Betriebswirtschaftliche Kostenlehre*, 6. Aufl., Wiesbaden 1983, S. 173 ff.

(21) Heinen, *a. a. O.*, S. 182 f.

(22) 尾畑、前掲書、二二五頁。

(23) Bredt, O., Der endgültige Ansatz der Planung, *Technik und Wirtschaft*, 32. Jg. 1939, S. 219 ff. und S. 249 ff.

(24) 深山明『ドイツ固定費理論』森山書店、二〇〇一年、二三頁。

(25) Vgl. hierzu etwa. Weber, H. K., *Industriebetriebslehre*, 2. Aufl., Berlin/Hiedelberg/New York 1996, S. 161 ff.; Nebel, T., *Einführung in die Produktionswirtschaft*, München 1996, S. 96 ff.

(26) 同様の説明は、キュルピック（H. Kürpick）やシェーンフェルト（H. -M. W. Schoenfeldt）によっても行われている。Kürpick, H., *Die Lehre von den fixen Kosten*, Köln/Opladen 1965, S. 88 ff.; Schoenfeldt, H. -M. W., *Cost Terminology and Cost Theory*, Urbana-Champaign, 1974, pp. 83-88.（平林喜博・深山明訳『原価と原価理論』新東洋出版社、一九八一年、一〇三頁以下。）

(27) 固定費問題については、深山、前掲書、二一頁以下、および、深山明『企業危機とマネジメント』森山書店、二〇一〇年、一〇頁以下を参照。

(28) Kern, W., *Industriele Produktionswirtschaft*, 4. Aufl., Stuttgart 1990, S. 47.

(29) Kilger, W., *Produktions- und Kostentheorie*, Wiesbaden 1958, S. 86. また、山形休司『原価理論研究』中央経済社、一九六八年、一七五頁を参照。

(30) Gutenberg, E., Offene Fragen der Produktions- und Kostentheorie, *ZfHF*, 8. Jg. 1956, S. 435 ff. その後、ハイネンは、①と②に加えて法律的および制度的条件による適応速度の制約をも固定費発生の原因とみなしている。Vgl. Henen, *Betriebswirtschaftliche Kostenlehre*, 6. Aufl., S. 517 ff.

(31) このことはハイネンにおいても同様である。グーテンベルクは『経営経済学原理』第一巻の後の版では、「固定費または無効費用の第二のグループは経営管理者の経営政策的決定に還元され得る」(Gutenberg, E., *Grundlagen der Betriebswirtschaftslehre, Erster Band, Die Produktion*, 22. Aufl., Berlin/Heidelberg/New York 1976, S. 352.) とも表現している。

(32) Gutenberg, *Grundlagen der Betriebswirtschaft, Erster Band, Die produktion*, 2. Aufl., S. 234 f.

(33) Vgl. Steffen, R., *Produktions- und Kostentheorie*, 4. Aufl., Stuttgart 2002, S. 93 ff. (平林喜博・深山明訳『シュテフェン生産と原価の理論』中央経済社、一九九五年、九六頁以下。ただし、邦訳は一九九三年の第二版の訳である。)

(34) 日本ではあまり知られていないことであるが、グーテンベルクは一九三七年五月一日にナチス(NSDAP)に入党し、一九三九年六月二日以来突撃隊(SA)の一員であった。それで、彼は、職を得ていたイエーナの大学(Friedrich-Schiller-Universität)から解雇通知書(一九四七年三月一二日付)を受け取ることとなり、大学教授の職を失った。このことは、広く世に知られるには至らず、グーテンベルクの没後にようやく明らかになった(Becker, F. G./Lorson, H. N. *Gutenberg in Jena*, Baden-Baden 1996, S. 30 f.)。もしこの事実が第二次大戦の直後に露見していたら、彼はケルンの大学に迎えられることはなかったであろうし、グーテンベルク経営経済学も世に出なかったのではないか。あの画期的な生産論も生まれず、われわれは数々の共有財産を手にすることができなかったかもしれない。

第四章　経営類型論と生産性志向的構想

第一節　はじめに

グーテンベルクはすでに一九二〇年代から経営経済学の体系化に精力的に取り組んできた。第一章で述べたように、その成果は、彼の教授資格獲得論文として書かれ、一九二九年に公刊された『経営経済理論の対象としての企業』にあらわれている。そこで提唱された体系化は、第二次大戦後に公刊された彼の主著『経営経済学原理』（全三巻）に受け継がれ、生産性関連的経営経済学あるいは生産性志向的経営経済学として戦後のドイツ経営経済学における有力なパラダイムのひとつを形成してきた(1)。

ところで、グーテンベルクは『原理』（生産論）を、第一部「経営的諸要素の体系」、第二部「結合過程」および第三部「経営類型の決定要因」からなる三部構成としている。第一部では生産的要素の体系が示されている。第二部では、生産的要素の体系にもとづき、要素投入、その転換ないし結合、そこからの要素収益の獲得という結合過程とその過程で発生する費用についての分析が行われている。ここでは、経営における生産理論と費用理論が論じられているのであり、これが『原理』(生産論)の中心的内容を形成していることは明らかであろう。(2) これに対し第三部では、経営経済学の研究対象である経営の諸類型の特質、その決定要因、経営における意思形成、経営と企業の概念上の区別などの諸問題について論じられているのであり、それは生産的要素の体系や生産—費用理論を論じている前二部とかなり性格を異にする内容を有している。第三部におけるグーテンベルクの考察がまずは経営類型の決定要因とその特質に向けられているのは当然のことであるが、そこでの彼の重要な関心はむしろそれを通して経営を如何なるものとして経営経済学の研究対象にするべきかということ、したがって経営経済学の体系化の問題に向けられていたと解せられる。そこで、われわれは『原理』(生産論)の第三部を、グーテンベルク経営経済学が一般に生産性志向的に体系化されているといわれていることとの関連において吟味することとしたい。これが本章の課題である。

第二節　経営類型の決定要因と経営経済学の研究対象

グーテンベルクは経営類型の決定要因について二種類のものを区別する。即ち、各経営の属する経済体制の如何にかかわらず、あらゆる経営に一般的に妥当する要因としての体制無関連的事実(systemindifferente Tatbestände)と、各経営の属する経済体制の原理によって規定される要因である体制関連的事実(systembezogene Tatbestände)がそれである。

グーテンベルクはまずは、生産的要素の体系と要素結合の効率性をあらわす経済性原理（das Prinzip der Wirtschaftlichkeit）を技術的概念であるとし、その故にそれらを経済体制とは無関連であると考える。(3) さらに、彼は、どのような経済体制に属する経営であれ、投入された資本の返済期日にそれに必要な財務手段を保有することが経営にとって存続の前提をなすことから、このことを要請する財務的均衡の原理（das Prinzip des finanziellen Gleichgewichtes）をも経済体制とは無関連であるとする。(4) かくして、グーテンベルクにおいては、要素体系、経済性原理および財務的均衡の原理の三つが体制無関連的事実をなすこととなる。しかし、経営はこれら体制無関連的事実のみによって構成されるのではなく、各経営の属する経済体制の社会的および精神的根源に根ざす体制関連的事実がこれと融合されて存在する形成体として捉えられなければならない。そして、彼は経営を類型的に規定する特質を体制関連的事実にこそ求めるわけである。(5)

それでは、グーテンベルクは体制関連的事実として具体的にどのようなものを考えるのであろうか。彼はこれを三つの観点、即ち、経営は国家あるいは何らかの上位の管理当局ないし計画当局から独立しているか否かという観点、経営は如何なる規準にしたがって活動するかという観点および経営の意思形成の中心ないし担い手は誰であるかという観点から考察している。

一 自律原理・機関原理

グーテンベルクによれば、国民経済における需要と供給を一致させることはあらゆる経済体制に共通の重要な問題なのであるが、この問題の解決方法は経済体制の如何によって異なる。まず、経営に自己の危険と計算にもとづいて給付生産を行うことが認められ、市場の調整機構を通して需要と供給の一致が達成されるように国民経済の機構を組織することが考えられる。このような市場経済体制およびその典型をなす自由主義–資本主義体制のもとでは経営のあらゆる計画に対して国家あるいは何らかの上位の管理当局が介入することは基本的には許されなく、経営自らがそれを自律的に決定することができ、また自律的に決定しなければならない。グーテンベルクはこのような経営を特徴づける原理を自律原理（Autonomieprinzip）と称し、そこに資本主義経済体制を支配する個人主義的態度の経済的表現を見るわけである。自律原理が資本主義の体制関連的事実であるとされる所以である。

これに対し、国民経済における需要と供給の調和が国家や政府といった中央の管理当局ないし計画当局に委ねられている経済体制、即ち中央管理体制ないし計画経済体制——いわゆる社会主義経済体制がその典型である——においては、経営は上位の全体の肢体あるいは全体の中の組織的に非自律的な機関である。全体経済計画の内容は管理当局の指令を通して個々の経営にとっての与件となるのであるから、経営は自己の計画を自ら決定することはできない。グーテンベルクはこのような社会主義経済体制に典型的な経営を規定する原理を機関原理（Organprinzip）と称し、これを自律原理と対置せしめる。かくして、機関原理は社会主義経済体制における体制関連的事実をなすのである。(6)

二　営利経済原理・被計画的給付生産の原理・適正原理

資本主義経済体制のもとでは各経営は自由に経営計画を樹立しうるのであるが、その場合、経営は如何なる規準にしたがってそれを立てるのであろうか。グーテンベルクによれば、営利経済原理（erwerbswirtschaftliches Prinzip）ないし利潤極大化原理こそがそれにほかならない。資本主義経済体制は競争経済であり、利潤を安定的に獲得することは市場での競争に勝ち、経営を維持・発展させるために不可欠のことである。営利経済原理が市場経済における経営にとっての固有の指導原理をなす所以である。そして、営利経済原理は第一義的には資本主義経営の指導原理であって、国民経済の調整機能を目指すものではないにもかかわらず、資本主義経済体制においては「各個別企業が絶えず投下資本に対する最大可能な利潤を獲得しようとするとき、国民経済的に財貨・用役の最善の供給が達成される」(7)のである。これは、市場における需要と供給の変化を反映して価格が弾力的に変動することによって営利経済原理が国民経済全体の需給の調整ないし均衡化に貢献することを意味している。このように、グーテンベルクは資本主義経済における営利経済原理について、一方では個別経営の計画の樹立の規準としての経営経済的機能と、他方では市場の調整機能を介しての国民経済全体の需給の調整という国民経済的機能を見出し、それを資本主義経済体制の構成的要素と見なすわけである。いずれにせよ、営利経済原理はこの経済体制に関連する事実なのであり、そのような経済体制に特徴的な経営類型である資本主義経営を特質づける決定要因をなすのである。

それでは、営利経済原理が経営政策的行動の最高規準をなすような経営においては、その原理は経済性原理とどのような関係に立つのであろうか。利潤極大化と費用最少化が一般的には一致しないことは周知の事実である。グーテンベルクによれば、市場経済的条件のもとで活動している経営が経済的に行動しようとするのは決して最高の経済性それ自体を実現するためではなく、経済性を高めることによって経営の目的である利潤の増大を実現することができると考えられるが故にであり、またその限りにおいてである。かくして、そのような経営においては経済性原理は経営の指導原理である営利経済原理の下位に置かれることとなるのであり、このような関係においてはじめて、体制関連的事実としての営利経済原理は体制無関連的事実としての経済性原理と矛盾することなく融合し、資本主義経営類型を特徴づけうるのである。

これに対し、社会主義経済体制においては典型的には、中央管理当局は国民経済的目的に合致するように全体の生産計画を樹立し、それを各経営に指令するという形で経営の生産に介入する。グーテンベルクは、このような方法で経営の生産計画が国民経済的計画によって決定的に規定されるところに計画経済としての社会主義経済体制の特徴を見出し、それを被計画的給付生産の原理(das Prinzip plandeterminierter Leistungserstellung)と称する。これこそがこの経済体制のもとでの経営の指導原理をなすのである。その場合、グーテンベルクによれば、「この定式化は、第一に、経営活動がそのような事情のもとでは直接的に給付生産に向けられる(最大可能な利潤獲得に向けられるのではなく)ことを明らかにする。・・・第二に、この定式化は、経営における給付生産が種類、数量、時間について全体経済計画に結びつけられ、その時々にこの計画の一部をなしていることを示している。(8)」被計画的給付生産の原理は計画決定を指導する具体的原理なのではなく、経営が国家の計画当局によって作成された全体経済計画を指令として受け入れ、それに従って生産活動に専念するという形式的な原理をなす。しかし、グーテンベルクはこの原理を、普遍主義的－集産主義的な本質にもとづく計画経済体制としての社会主義経済体制に固有の経営類型決定要因をなすと考えるわけである。

ところで、この原理もまた社会主義経済体制のもとでは経済性原理の上位に置かれる。けだし、全体経済計画は、それが国民経済的目的にとって望ましいと見なされるならば、経営の費用をかなり超えるように価格を決めて貨幣的余剰の発生を認めることもあれば、単に費用補償を志向するにすぎないことも、あるいは負の貨幣的余剰を認めることもあるであろうが、いずれにせよ計画経済の特徴は、管理当局が計画の自由を有していることに見出されるのであり、そこで樹立された全体経済計画のみが経営活動を究極的に決定する。そこでも、個々の経営における経済性の追求は放棄されるのではないが、全体経済計画が優先され、経済性はその枠内で追求されるにすぎないのである。

なお、グーテンベルクは営利経済原理および被計画的給付生産の原理と並ぶいまひとつの経営の指導原理として適正原理（Angemessenheitsprinzip）を挙げる。これは資本主義経済体制のもとでは適正利潤獲得の原理あるいは利潤制限の原理として発現し、公的経営、即ちその経済体制において異質なものとして存在し、公的欲求を充足するべく公的主体によって所有され、運営されている経営に典型的に看取される。公的経営は何らかの共同経済的観点を考慮して運営されることから、そこでは利潤機会の無制限な利用は許されないからである。社会主義経済体制においては、この原理はその体制において社会全体の利益の観点から過大な貨幣的余剰を抑制するという形をとってあらわれるであろう。あるいは、身分制に基礎を置く経済体制のもとでは、それは身分に相応する収益の獲得のみが承認されるという形で適用される。いずれにせよ、グーテンベルクにおいては、適正原理は利潤あるいは貨幣的余剰の獲得の制限を要求する精神的・社会的基礎から生じるものであり、営利経済原理および被計画的給付生産の原理のいずれからも区別される別個の体制関連的事実として考えられるべきなのである(9)。

三　単独決定の原理・共同決定の原理

グーテンベルクはさらに、経営の内的な社会的構造に目を向け、この領域においても各経済体制に特有の社会的前提があらわれていないかどうかを考察する。その場合、彼は、種々の経営類型において経営的意思形成の担い手ないし中心をなすのは誰であるかということに注目する。

この可能性を持つものとして第一に想起されるのは生産手段の所有者であろう。資本主義経済体制に典型的であるような、生産手段が私的に所有されている経営については自然人あるいは私法上の法人が所有者となりうる。資本主義経済体制において異質な存在である公的経営については国家や地方自治体などが、さらに社会的所有を前提とする社会主義経済体制における経営については典型的には国家がそれぞれその所有者をなすであろう。

だが、経営管理の職能が完全に所有者によって担当されるのではない限り、少なくとも最高管理職能の一部は所有者でない最高管理者ないし経営者によって遂行されざるをえない。このときにはこの管理者は経営的意思形成の第二の中心をなすこととなる。資本主義経済における大規模な株式会社に見られるいわゆる「所有と経営の分離」はそうした状況の典型である。ところが、このような二つの中心が存在するような経営、即ち両極的構造をもつ経営においては、それら二つの中心の間で対立が生じる場合がある。例えば、株式会社において利潤分配や経営方針をめぐってしばしば生じる所有者（株主）と経営者の対立はこれを端的に示している。グーテンベルクによれば、これは、経営者が所有者の利益のみを代表するのではなく、経営者自身の利益あるいは経営それ自体の利益を追求することによるのであるが、こうした対立は、近代的な大規模株式会社においては所有権にもとづく権利がもはや絶対的なものではなくなっており、経営者の権力と影響力が無視しえないほどに大きくなってきているという事実に相応するように解決されざるをえなくなっていることを示唆している。(10)

それにもかかわらず、グーテンベルクによれば、資本主義経済体制に特徴的な経営においては、所有者と経営者以外に経営的意思形成の中心は存在しない。しかも、彼らの間の上述のような対立は決して決定的なものではない。彼らは究極的には資本という生産要素を代表するのであり、労働者の経営的意思形成への参加を排除する点で共通の利害関係に立っている。資本主義経営類型においては労働は決して意思形成の主体をなすものではありえないのである。このような所有者—経営者の単独決定権（Alleinbestimmungsrecht）こそは経営における彼らの自律性を要求する個人主義的立場のあらわれであり、資本主義経済体制の体制関連的事実をなすのである。

これに対し、経営の所有者のみならず、労働者、管理者、公的利益の代表者などのその他の集団が経営の意思形成に何らかの形で参加することが保証されている場合には、それらの集団も意思形成の担い手をなす。グーテンベルクはそのような複数の集団が経営の決定に参加することを認める原理を共同決定（Mitbestimmung）の原理と称する。資本主義経済体制との対比で、彼は特に労働者の経営参加、つまり所有者と労働者の共同決定を重視し、そうした共同決定の原理を普遍主義的―集産主義的な精神態度にもとづく社会主義経済体制に典型的な経営類型を規定する要因であると考える。ただし、ここで社会主義経営が共同決定の原理にもとづいているとされるとしても、それは個々の経営レベルでのそれではなく、社会主義経済体制が全体経済計画の樹立への労働者の参加という建前をとっていることをあらわしているのだと解せられなければならない。その経済体制においては個々の経営は国家の非自律的な機関であり、被計画的給付生産の原理に規定されているのであるから、したがって各経営には独自に生産計画を策定する権限は基本的には与えられていないのであるから、労働者にもその属する個々の経営の計画決定への参加が認められているわけではないからである。(11)

以上のように、グーテンベルクは体制関連的事実として三つの観点からそれぞれ、自律原理と機関原理、営利経済原理と被計画的給付生産の原理と適正原理、単独決定の原理と共同決定の原理を導き出した。そして、ある経営の属する経済体制がそれら各観点の諸原理のどのような組合せから構成されているかにしたがってその経営類型の特質が規定されることとなる。純粋な経営類型として彼が考えるのは資本主義経営と社会主義経営である。前者は自律原理、営利経済原理、単独決定の原理によって特徴づけられる経営類型であり、後者は機関原理、被計画的給付生産の原理、共同決定の原理から構成されるそれである。この二種類の組合せがそれぞれ資本主義の個人主義的—自由主義的立場と社会主義の普遍主義的—集産主義的立場を純粋にあらわしているからである。これ以外の組合せによる種々の経営類型も混合形態として存在可能であり、また現実に存在する。しかし、グーテンベルクにとって重要なことは、どのような経営類型であれ、経営は現実には体制関連的事実と体制無関連的事実との融合した統一体としてのみ存在しうるにすぎないということである。それらは決して体制関連的事実のみからなるものでも、体制無関連的事実のみからなるものでもない。体制無関連的事実と体制関連的事実を概念的に明確に区別し、別個に論ずることは可能であるとしても、それらは共にそれ自体としては未完成物（Torso）にすぎないのである。

さて、経営経済学においてはしばしば、経営を生産のための物的な施設あるいは組織体といった技術的単位として捉え、企業を指導理念という経済的ではあるが、観念的な概念として把握するという区別が行われてきた。しかし、上記のことから明らかなように、グーテンベルクはこうした概念規定を排し、「経営」を技術的過程を含む経済的形成体として、しかもその特質が究極的にはその属する経済体制の原理である体制関連的事実によって規定される種々の類型を総称する経済的概念として捉える。したがって、資本主義経済体制や社会主義経済体制など如何なる経済体制のもとにあるにせよ、それぞれの体制原理によって特徴づけられるあらゆる経済的形成体はすべて経営をなすこととなる。そして、グーテンベルクは「企業」はこれをそうした経営の中で特に資本主義経済体制に典型的な経済的形成体、つまり資本主義経営として定義する。[12]

ところで、グーテンベルクは以上のような経営類型論において単に種々の経営類型の特質を規定する要因を明らかにすることのみを課題としているのではなく、それを通して経営経済学の研究対象としての経営を如何なるものとして取り上げるべきかという問題にこそ主たる関心を向けているのだと解せられる。現実の経営は、それが如何なる経済体制のもとに存在しようと、一方では技術的過程をそのうちに含み、他方では経済的および社会的な諸原理によって規定されているのであるが、経済的形成体としての経営についてはとりわけその属する経済体制の諸原理、つまり体制関連的事実の組合せが各経営の特質を決定的に規定するものとして重視されなければならない。経営経済学が経営事象を現実的・具体的に論じることをその重要な課題としているのであれば、経営を技術的過程、普遍的な経済原理としての体制無関連的事実とその属する経済体制に固有の体制関連的事実の融合体として捉え、かかるものとして経営経済学の研究対象にすることの意義は否定されえないであろう。この意味で、われわれは経営類型の決定要因に関するグーテンベルクの見解を高く評価するものである。

グーテンベルクが経営経済学の対象とするのは上述の意味での経営である。彼によれば、それは種々の経済体制に存在する経営の総称であり、そうしたあらゆる経済体制に存在しうるあらゆる経営がその対象でありうる。即ち、「経営経済学の経験領域および科学領域はあらゆる経済体制における経営的現象形態に及んでいる。かくして、経営経済的―科学的思考が展開されうる広い範囲が明らかになる。勿論、各自は任意の座標を採用することを決定し、その決定にしたがって経営経済学の対象を規定することができる。・・・経営類型の全体を考察に含めるときにはじめて経営経済学の全体系が明らかになるのである。(13)」このように、グーテンベルクにおいては、経営経済学の対象は彼の意味での経営のあらゆる類型に及びうる。しかし、個々の研究者は現実にはすべての経営を研究の対象とすることはできないのであり、各研究者はそうした経営の中から自己の関心にしたがって研究対象を特定の経営類型に限定せざるをえない。グーテンベルク自身は『原理』(全三巻)においては研究対象として端的に資本主義経営としての企業を選択していると解せられる。それ故、彼の経営経済学は実質的には企業理論にほかならないのである。

第三節　生産性志向的経営経済学としての企業理論?

上述のように、グーテンベルク経営経済学は資本主義経営としての企業を対象とする企業理論として展開されている。企業は営利経済原理によって指導される点にその特徴のひとつを有しているのであるから、彼の経営経済学は企業の利潤追求行動を究明し、説明することを重要な課題としなければならないはずである。しかるに、グーテンベルク経営経済学は生産性関係をその理論の体系化の基礎にしていることから、それは一般には生産性志向的立場に立つ構想であるといわれている。そうであるならば、この構想は経営経済学の研究対象を体制無関連的事実と体制関連的事実の融合体としての経営に求めるグーテンベルクの見解と整合性を有するであろうか。われわれはこのことを吟味しなければならない。

グーテンベルクにおいて生産性とは生産された給付量と生産に要した給付量との比率、つまり要素収益と要素投入量との関係をあらわす。これが、要素結合の技術的な効率を示す指標であることは明らかであろう。なお、彼は経済性については、要素間に代替可能性がある場合に、最も有利な要素投入と実際の要素投入の関係を示す概念として捉えている。ただ、生産性と経済性をこのように定義し、区別しながらも、これらの異同や関係についての彼の見解は必ずしも明らかではない[14]。

このこととの関連で、われわれはグーテンベルクの次の論述に注目しよう。彼によれば、経営における生産的要素の「結合過程は決して恣意的に、要素結合に対する権限を持つ人の完全な自由裁量によって行われるのではない。それどころか、それはある原理、即ち最も節約的な手段利用の原理（das Prinzip sparsamster Mittelverwendung）にしたがって遂行されるのである。われわれはこれを経済性原理と称することができる[15]。」「この原理（経済性原理――万仲）は収益性原理とは無関係のものである。それによってむしろ純粋な生産性関係、つまり要素収益と要素投入の間の関係が考えられている。その関係が有利であるならば、例えば労働給付、機械、材料の所与の在高から相対的に大きな収益（物的に数量的に示された）を獲得することに成功しているならば、その経営は明らかに非常に経済的に活動したことになる。高い生産性は基本的には実現された高い経済性の指標であるともいわれうる。[16]」このことからすれば、グーテンベルクにおいては、経済性と生産性についてはその相違ではなく、むしろそれらが共に給付生産における効率性をあらわす技術的な概念であり、したがって体制無関連的な性格を有するという共通性こそが強調されているのだと解せられる。

グーテンベルクは『原理』（生産論）の第一部と第二部においては、要素体系を明らかにし、要素投入と要素結合と要素収益の関係を示す生産関数についての現実的な考察の結果からいわゆるA型生産関数に代えてB型生産関数を提唱し、操業度、生産条件の質的状況、要素価格、経営規模および生産予定の各変動が生産費に及ぼす作用について論じている。生産的要素の結合過程に関する考察の基礎にあるのは、当然のことながら生産性関係、つまり要素収益と要素投入の関係であり、結合過程の効率の問題であり、技術的概念である生産性関係にもとづく経営的給付生産の経済的分析である。その限りでは、経営的給付生産は基本的には体制無関連的な事象として考察の対象にされていると解せられる。グーテンベルクが要素体系とその結合の問題を生産理論と費用理論の観点から考察する場合に「如何なる経済体制において経営が活動しようとも、あらゆる経営について同様に認められる経営的事実が存在するのか否かという問題が特に関心のあるところである[17]」と述べる場合、われわれは彼が経営にとっての体制無関連的事実の意味をまずは重視していたことを窺知することができる。グーテンベルクが生産性原理を「投入された種々の生産的要素を整序し、結合する原理」ないし経営の本源的関係として、経営経済学の関係体系のための基礎として重視した所以はここにあると考えられるのである。[18]その限りでは、グーテンベルク経営経済学を「生産性志向」と称することは妥当であろう。

しかし、グーテンベルクは生産性関係を統一的な体系化の基礎としながらも、経営類型の決定要因についての彼自身の見解にもとづいて以下のように述べている。「しかし、この理論的な出発状況は今や、要素収益と要素投入の関係が再びある他の要因に関連づけられなければならないという意味である補完を必要とする。企業は生産のための生産、即ち所与の要素投入量から如何にして最大の収益が獲得されるかを明らかにするために生産を行うのではない。全体的生産性関係が再び秩序づけられなければならない関係点は明らかに経営的処理それ自体の外部にあり、それにはじめてその意味を付与する目的設定の中にある。この考慮によって、・・・新しい体系化の問題が生じるのである[19]」と。ここで、「経営的処理それ自体の外部にあり、それにはじめてその意味を付与する目的設定」が資本主義経済体制から要請される指導原理としての営利経済原理をさすことについては異論はないであろう。グーテンベルクにおいては、経営経済学の研究対象とされるべきは体制無関連的事実と体制関連的事実の融合体としての経営でなければならないのであり、彼が端的に資本主義経営としての企業の理論として経営経済学を展開しようとするのであれば、生産性原理ないし経済性原理という体制無関連的事実に加えて、企業の指導原理をなす営利経済原理こそが企業事象を決定的に規定するものとして重視され、企業理論としての経営経済学の体系化の基礎をなさなければならないからである。

このことは、企業の個別的活動もまた結局は営利経済原理によって指導されるものとして経営経済学の研究対象にされなければならないことを示している。財の生産やそれに伴う費用の問題を市場の動向から独立に、単に生産性の向上によって規定されるものと考えることはできない。販売活動は市場において活動する経営、とりわけ資本主義経営としての企業に最も特徴的なものである。財務的均衡それ自体はなるほど体制無関連的事実であるとしても、企業における資本の調達と運用は資本主義の原理にもとづいて行われなければならない。経営経済学の研究対象を体制無関連的事実と体制関連的事実の融合体としての企業に求めるグーテンベルクの立場からすれば、彼は『原理』(全三巻)を通して企業を資本主義経済の体制原理によって決定的に規定されるものとして考察しなければならなかったはずである。そして、あらゆる経済体制に属するあらゆる経営類型も体制無関連的事実と体制関連的事実の融合体として経営経済学の研究対象になるのだとする彼の見解からすれば、彼の経営経済学はこれを単に「生産性志向」ではなく、いわば「体制関連的」な構想によるものと考えるのが妥当であるように思われるのである。そして、このような理解が正しいとすれば、経営類型の決定要因と経営経済学の研究対象としての経営の特質に関する考察が『原理』(生産論)の第三部に置かれていることについて、われわれは疑問を感じざるをえない。例えば、生産論、販売論、財務論の具体的展開に先立って、経営経済学の研究対象を経営類型についての吟味を通して明らかにしておくという構成が『原理』(全三巻)の体系として相応しいように思われるのである。

なお、グーテンベルクはその著書『経営経済学入門』においては、第一章を「経営経済学の対象と歴史」とし、その第一節において経営経済学の対象について論じている。しかし、そこでは国民経済学、経営科学、経営社会学などの隣接科学と経営経済学との関連が取り扱われるにとどまっている。

そして、彼は第二章「経営経済的基本概念と基本事実」、第三章「企業管理」に続けて、第四章以下では経営的給付生産、販売、財務、経営過程の統制用具と計算制度について論じ、最終の第九章「経営と経済体制」において経営類型の決定要因を経済体制との関連において説明している。『経営経済学入門』のこの構成は上述のわれわれの見解に近いのではあるが、第一章第一節において経営類型の決定要因と関連づけて経営経済学の研究対象に関するグーテンベルクの見解を予め明示しておくのが、彼の経営経済学の体系を理解するうえでより適切であったのではないかと考えられるのである。

第四節　おわりに

グーテンベルクは『原理』（生産論）の第三部「経営類型の決定要因」において、経営と企業についてのドイツの伝統的な理解に対して、上述のような新しい見解を提唱した。彼はとりわけ経営経済学の統一的な体系化を意識的に追究し、しかも経営の現実的・具体的な理論の構築を目指してきたのであるが、このような彼の意図からすれば、その研究対象を彼の意味での経営、つまり体制無関連的事実と体制関連的事実の融合体としての経営に求めることはその必然的な結果であったと解せられる。この点で、われわれは彼の経営類型論を高く評価するものである。しかし、グーテンベルク経営経済学の体系化の構想が、彼自らによっても、あるいは一般的にも生産性志向的なそれであると称せられていることについて、さらには企業を経営経済学の実質的な研究対象とする彼の立場からすれば

『原理』（全三巻）の構成、特に『原理』（生産論）の第三部「経営類型の決定要因」の位置づけについて、われわれは疑問を持たざるをえないのである。

（万仲　脩一）

注

（1）グーテンベルクの『経営経済理論の対象としての企業』と『経営経済学原理』（全三巻）の原著については、本書の第一章、注（1）と注（12）を参照されたい。本章でも、『経営経済学原理』を『原理』（生産論）のように略記することとする。

（2）生産理論と費用理論の詳細については、本書第三章を参照のこと。

（3）なお、生産性と経済性の異同と関連についてのグーテンベルクの見解は必ずしも明確ではない。われわれはこの点については後述する。

（4）Vgl. Gutenberg, E., *Grundlagen der Betriebswirtschaftslehre, Bd. 1. Die produktion*, 16. Aufl., Berlin/Heidelberg/New York 1969, S. 446–447.

（5）Vgl. *Ebenda*, S. 445 u. S. 469.

（6）自律原理と機関原理についての以上の説明は、*Ebenda*, S. 447–452によっている。

（7）*Ebenda*, S. 453.

（8）*Ebenda*, S. 458.

（9）経営の指導原理についての以上の説明は、*Ebenda*, S. 452–470によっている。

（10）Vgl. *Ebenda*, S. 485.

（11）単独決定と共同決定についての以上の説明は、*Ebenda*, S. 470–490によっている。当然のことながら、ここでの共同決定の原理は、ドイツの共同決定法等に見られるような、私企業における共同決定制度の基礎にある原理とは明確に区別されるべきものである。Vgl. *Ebenda*, S. 487.
　なお、社会的所有の経営においても、所有者としての国家の計画当局によって全体経済計画が決定されるとしても、その計画の実施に当って各経営の管理者や労働者にある程度の裁量の余地が与えられる場合には、労働者は経営レベルにおける共同決定の担い手となりうるであろう。資本主義経済体制における「所有と経営の分離」の場合と同様、グーテンベルクの意味での共同決定の現実もまた多様なのである。

(12) Vgl. *Ebenda*, S. 493–495.

(13) *Ebenda*, S. 496.

(14) 生産性と経済性に関するグーテンベルクのこの定義については、次を参照のこと。Gutenberg, E., *Einführung in die Betriebswirtschaftslehre*, Wiesbaden 1958, S. 27–32.（池内信行監訳／杉原信男・吉田和夫訳『グーテンベルク　経営経済学入門』（第五版）、千倉書房、一九六五年、二六―三二頁。）

(15) Gutenberg, E., Die Stellung in der Betriebswirtschaftslehre, G. Weisser, Hrsg., *Die Morphologie der Einzelwirtschaftlichen Gebilde und Ihre Bedeutung für die Einzelwirtschaftspolitik*, Bericht über die Kölner Tagung 1955, Göttingen 1957, S. 28.

(16) *Ebenda*, S. 28.

(17) Gutenberg, *Grundlagen der Betriebswirtschaftslehre, Bd. 1. Die Produktion*, S. 9.

(18) Vgl. Gutenberg, E., *Betriebswirtschaftslehre als Wissenschaft*, Krefeld 1967, S. 24–25.

(19) *Ebenda*, S. 25.

第五章　グーテンベルク経営経済学の管理論的側面

第一節　はじめに

「経営は組織である」という考え方がある。これはバーナード（C. I. Barnard）を祖とする近代組織論の立場であり、そこでは組織の維持・存続のための理論の構築が試みられている。この立場においては、組織目標は所与ではなく、組織における目標形成過程、即ち目標形成という意思決定過程においてつくられるという考え方がなされる。

これと対照をなす立場として「経営は組織をもつ」という考え方がある。この立場では、組織目標は組織においてつくりだされるものではなく、組織は前もって与えられた目標を実現するための用具として捉えられる。グーテンベルクもこの立場に立っている。即ち、「組織はつねに目的への手段であって、自己目的ではあり得ないから、組織に一つの偶像をみることもできず、また組織を呪咀することもできない。組織は、所与の秩序または所与の目標を具体化するために人が経営において用いうる一つの用具以上のものであり得ないしまたあってはならない(1)」のである。

グーテンベルクは経営組織を生産要素の一つとして捉え、管理のための手段、即ち企業の意思決定の結果を実現する手段として生産理論の中に位置づけた。「経営経済学は、主として費用計算的問題および経営組織的問題の科学的取扱いによって生産の現象を把握する」[2]ものであり、経営経済学の対象として、組織の問題が生産―費用の問題とならぶ重要な問題として扱われている。[3]グーテンベルクのこういった組織の捉え方はそれ以降の経営経済学的組織論の発展に多大な影響を与えた。

本章ではまずグーテンベルク経営経済学の出発点である生産要素の体系を概観し、その中で管理要素がどのような役割を担っているのかを見てみたい。その後、管理要素の内容を具体的に検討し、企業の最高管理機関が下す意思決定が手段である組織を用いてどのように実現されていくのかを明らかにすることによって、グーテンベルクの企業管理論がどのように展開されているのかを見てみたい。

第二節　生産要素の体系と管理要素の役割

グーテンベルクは、資本主義経済体制に特有の経営類型である企業の生産要素の体系を分析の中心に置いている。生産要素の体系には、労働給付、経営手段および材料という三つの基本要素(Elementarfaktoren)と第四の生産要素として重視される管理要素(dispositive Faktoren)が含まれるが、経営給付生産は三つの基本要素の結合を内容とするということから出発する。[4]この基本要素の結合は機械的に行われるのでもなく有機的に行われるのでもなく、むしろ意識的な人間行為によって行われるものである。つまり、そもそも基本要素を結合すべきであるのかどうか、どのような種類の結合を行うのか、そしてどのような方法で行うのかといった意思決定が下されなければならないのであるが、営利経済原理のもとでこういった意思決定を下し、これら三つの基本要素を結合して、一つの生産的結合体を形成するという役割を担うのが管理要素なのである。

グーテンベルクはこの第四の生産要素である管理要素を「営業―経営指導（Geschäfts- und Betriebsleitung）」とよんでいる。この営業―経営指導も一種の労働給付ではあるが、基本要素の労働給付とは質的に異なっている。つまり、基本要素の労働給付は「実施者」としての機能であり、営業―経営指導を担当する人の労働給付は「指揮者」の機能であって、まったく異なっているため、営業―経営指導は基本要素の労働給付から分離されて扱われるのである。その際、「要素結合の成果がこの第四要素の給付能力に依存する程度は、基本要素それ自体の性質に依存する程度に劣るものではない(5)」のであり、「この要素をもって、全経営事象を計画的ならびに形成的に操縦する経営活動の中心を指すものとしようと思う(6)」として、営業―経営指導がきわめて重視されるのである。

グーテンベルクによると、営業―経営指導においては、営利経済原理に基づいて合理的に行動しようと試みられるが、そこでは人間の行為が問題となっているために、どうしても合理的でない部分が生じてくる。例えば不確実な意思決定状況においては、完全に合理的に意思決定を下すことができないものであり、そういった場合、最終的には、経験や勘などに基づいて意思決定が下される。このように、「この要素は一つの集約的な力であり、どうしても合理的な図式では把握されない(7)」のである。そこで、グーテンベルクは営業—経営指導を、非合理層、合理層および形成・実行層という三つの層に区分する方法をとる。

非合理層とは、経営者や企業者の個人的資質に依存する部分で、経験、勘、衝動、原動力など経営を推進させる力、経営政策の立案力などに関係する部分である。同じような条件のもとで成功する企業があったり、反対に失敗する企業があったりする事実や、劣悪な条件で成功する企業があったりするのはこの層に関係している。したがって、この層については、経営経済学では科学的に分析ができないものとして考えられている(8)。

しかしながらグーテンベルクは次のようにも述べている。「企業管理には、いわゆる科学といえるようなものは存在しない。責任ある部門が、企業にとって幅広いしかも正しい決定を行なうこと、この技術は、原則として教えることも学ぶこともできない。しかし、科学的な取扱いに近づきうる企業管理の問題は、かなり存在する(9)」。経営経済学において科学的に扱うことができる部分が合理層と形成・実行層である。

合理層とは、経営事象が遂行される秩序を設計する部分であり、計画立案を意味している。「計画的な事前の考量がなければ、いかに強い個人的原動力も、いかに大きな経営政策的目的設定も、効果をもたない(10)」。つまり、営業—経営指導の非合理層によって設定された経営政策上の要求を合理的な経営計画という形式に改鋳する部分がこの合理層なのである。グーテンベルクによると、計画とは経営過程の統制ではなくて、一つの調整的活動である。それはまず思惟的な種類のものであって、経営事象を正当で合目的的と考えられる、一定の軌道の中に押し込んでしまうものである。「計画は一つの生産的活動であり、これは、生産の現場において、多くの見通し難い技術的、経営経済的、組織的な事象が解決を迫って来てからはじめて生産過程の円滑な進行を保証する方法を求めるというような仕事をできるだけしないでもよいようにするのである。計画はこのような管理的職務を免れしめるがゆえに、生産過程を『形成』するのみならず、同時にまた、生産過程を『混乱』から掩護する——すなわち、可能な技術的または経済的発展の非常套的なもの、期待されないもの、飛躍的なものをできるだけ計算に入れておいて、この発展が起こっても経営がそれに『準備なし』というようなことのないようにさせる——のである」[11]。

しかしながら、経営政策や経営目的として要求されたことを、合理的な経営計画に組み直しただけでは、それが実現されることはない。要求されたものを実現するためには、あらゆる障害や抵抗を克服して、経営給付生産が計画通り行われるように基本要素を結合しなければならないが、これに関連する営業—経営指導の能力が形成・実行層であり、それは具体的には組織化を意味している。

その際、組織は計画と密接な相互補完関係にあることが強調される。「計画は、営業—経営指導によって欲せられたものを、経営遂行の合理的形式の中に注ぎ込むことであり、組織はこれに対して、そのようにして、計画上可能かつ望ましいとされたものを具体的な経営遂行たらしめることである。かくて、計画は組織的遂行の前提であり、同時に条件でもある。そして、組織はまた、計画されたものが経営的現実に成るための条件なのである。二つの要因は相互補完的関係に立つ。計画がなければすべての組織的活動は意味のある関連を欠くこととなり、組織的実現可能性がなければ計画されたものはたんに構想にとどまる」[12]。このように、グーテンベルクにおいては、経営組織は計画によって定められた秩序を経営で実現するための仕組みを意味しているのであり、それはあくまでも「奉仕的」「用具的」性格をもつにすぎない。組織は目的への手段として把握されるものであり、営業—経営指導の「延長された腕」として考えられている。

以上で見たように、管理要素である営業—経営指導は本来三つの層から成る統一体ではあるが、グーテンベルクは、そのなかで営業—経営指導から他の職位に委譲することができる部分が存在していると考えている。即ち、その委譲できる部分が計画職務と組織職務である。この計画と組織が他の職位に委譲される場合には、管理要素は本源的要因としての営業—経営指導と派生的要因としての計画および経営組織という三つの要因として把握されることになる。したがって、生産要素の体系は、基本要素である労働給付、経営手段および材料と、第四の要素である営業—経営指導から成り立っているが、営業—経営指導から派生した計画と経営組織とを生産要素として分離して捉えるとすれば、生産要素の体系は三つの基本要素と三つの管理要素から成り立っているのである[13]。

このように、計画と経営組織を分離した生産要素として捉えることの長所はどこにあるのか。グーテンベルクは次のように述べている。「組織をもって計画された秩序の実行のみならず、秩序の設定それ自体を指すこともできる。経営における起動的、形成的な力までも組織概念に採り入れることができる。組織概念をこのように規定するときは内容的に非常に広く解することになるから、結局経営は経営組織に等しいという公式に達する」[14]。しかしながら、グーテンベルクは「経営組織の概念をできるだけ狭く解釈して、組織的活動というのは、たんに、計画によって定められた秩序を経営で実現する仕組であると考えるのである。このように組織概念を狭く解釈することの利益は、生産過程における欠陥が計画の不十分性にも経営組織の不十分性にも最後になお経営指導の人的不十分性にも帰せしめられうるということを考えるならば直ちに明らかとなる」[15]。したがって、管理要素を三つに分離して捉えることによって、各要素が生産過程において果たす役割が経営成果に対してどのような作用を及ぼすのかを明確に把握することができるのである。

以上のように、グーテンベルクにおいては、計画と経営組織はあくまでも管理要素のなかの一つとして捉えられており、企業の最高管理機関の意思決定を実現するための手段として考えられている。したがって、経営組織の問題は経営全体の管理の立場から論じられることになり、その内容は、企業の最高管理機関の意思決定をどのように実現させていくのかという企業管理論として展開されるのである。そこで、次節では、企業の最高管理機関が下す意思決定とはどのような性格を有するのか、そしてそれを実現するために、手段としての計画および経営組織をどのように用いるのかということを具体的にみることによって、企業管理論がどのように展開されているのかを検討したい。

第三節　意思決定と組織――企業管理論の展開――

一　本来の管理意思決定

グーテンベルクは、企業管理論を展開するにあたって、まず、経営的な意思形成を行うのはだれか、即ち営業―経営指導はだれが行うのかという問題から出発している。彼によれば、「純粋な」資本主義的経営に特有の経営形態、即ち企業においては、経営意思形成を担うものは資本所有者と管理機能を担当する者、例えば経営者や取締役会以外には存在しない[16]。したがって、こういった企業の最高管理機関によって行われる意思決定が問題とされることになる。

企業において下される管理意思決定には、企業の運命に対してどのような影響力を持つかという点で質的な相違が存在しているが、グーテンベルクは、管理意思決定の中できわめて重要な意思決定を本来の管理意思決定として重視する。本来の管理意思決定とは、①企業の財産状態、収益状態および企業の構造に対して特に重要であること、②企業全体に対する責任から、企業全体の知識からのみ行われること、そして③下位の職位に委譲することができるとしても、企業とその管理のために委譲してはならないということ、という三つの特徴を有する意思決定であるとしている[17]。そして、これらの特徴を備えた本来の管理意思決定のカタログとして具体的には五つの意思決定を示している[18]。

まず第一は長期的視野にもとづいた企業政策の確立である。これは市場経済において行動している企業が問題となる限り、本来の管理意思決定に属するのは明らかであり、この企業政策に基づいて、生産要素の結合がなされることになる。したがって、企業政策の確立は企業において最も重要な意思決定の一つである。本来の管理意思決定の二つ目として、経営の主要部分領域間の意思決定の調整が挙げられる。経営部門の管理機関は自らの部門の利益を代表するため、それが全体の利益と相いれない場合があり、その調整がなされない場合には企業の存続が危うくなる。したがって、その調整を担当する職位が必要となってくるが、その調整が可能なのは企業管理に責任と権限を有する企業の最高管理機関のみである。第三は、経営過程における障害の除去が挙げられる。一般的に、経営過程においては何ら問題なくすべてが進行することはまれである。例えば人事問題が生じたり、作業組織に問題があったり、技術的設備に準備不足があったりなどから経営過程には障害が生じるものである。そういった人的あるいは物的性質の障害の原因には、経営部門の管理機関の権限で対応できるものもあるが、最高管理機関の方策がなければ対応することができない部分がどうしても出てくる。このように、経営部門では対処できない障害を除去して新しく秩序づける権限は最高管理機関のみが有するものであり、それは本来の管理意思決定に含まれる。そして四つ目はきわめて重要な経営方策である。例えば、一定の規模を超える投資や契約など部門レベルで解決できない方策は、企業にとって特に重要であるため、それに関する意思決定権限は下位の職位に委譲することができないのである。そして最後に、企業における管理職の任命が挙げられる。経営階層のどの段階までの管理職の任命を最高管理機関が行うのかというのは、企業によっても状況によっても異なるが、このような管理職の任命は企業の存続にとって重要であるため、本来の管理意思決定に含まれる。

このような本来の管理意思決定に関しては、確実性のもとでの意思決定のような完全な情報を得ることができない。したがってそれは、不確実性下での意思決定として特徴づけられる。[19]情報が不十分であったり、不完全であったりする場合には、誤った意思決定を下す危険性や失敗の危険性が増大することになるが、この不確実性にこそ、企業の成功の如何がかかっている。つまり、不確実な状況であればこそ、成功する企業があったり失敗する企業があったりするのであるが、この部分に関係するのが管理要素における非合理層であり、グーテンベルクによってとりわけ重視されるのである。

二　計画

設定された企業政策については、それを実現しようと努められなければならない。その際に企業の最高管理機関が用いることができる用具の一つが計画である。すでに述べたように、計画は秩序の設計であり、一つの調整的な活動であるが、そこでは企業政策が具体的に、数量的に、指示手段として反映される。グーテンベルクによると、もっとも大きな枠組みとしての計画は、全体計画あるいは一般経営計画とよばれる体系的な経営計画であり、それはとりわけ、調達、貯蔵、生産、販売、財務、投資および開発といった部分領域の諸計画から成っている。こういった計画は、概括的にしか作成されなかったり、詳細にまで作成されたりする。概括的な計画においては、企業の最高管理機関が大綱的な計画のみを作成し、その範囲内の詳細な事項については責任ある職位に委譲するというものであり、他方、細かく作成された計画というのは企業の最高管理機関が非常に細かく計画し、計画の数だけ部門管理者を置くような場合である。

グーテンベルクによると、計画の真価というものは、こういったような計画の範囲に基づくものではなく、計画の完全性にある。つまり、計画があらゆる決定的な事態を考慮しているのかどうか、したがって、経営内外においていつもと違った事態が生じたり、予想されていないことが生じたり、あるいは飛躍的なことが生じたりといった場合にも、「それに対する準備がない」というようなことがないかどうかということによるのである。

概括的な計画であるにしても、詳細に規定された計画であるにしても、全体計画は部分領域の諸計画から成っているが、それらの計画間にまったく調整がなされなければ、全体としてうまくいかないという状況が生じ得る。すでに述べたように、こういった全体計画における経営の部分領域間の調整は企業の最高管理機関が行う本来の管理意思決定に属するが、それではその調整はどのように行われるのであろうか。

グーテンベルクによれば、経営の計画は基本的には計画の「均衡法則（Ausgleichsgesetz）[20]」に基づいて調整される。この法則が意味するところは、計画の全体系において、最初から優先される経営の部分領域が存在するのではなく、むしろ全体計画は、経営活動のそのときそのときの最も弱い部分に適応しなければならないということである。例えば、必要な投資を行ったり、あるいは商品を購入したりするのに十分な資金がない場合には、販売の機会を逃したりすることが起こり得るが、この場合には財務面が最も弱い部分領域である。また、例えば生産を拡大するための資金や技術的能力があっても、販売状態がそれに伴わない場合には、販売面が最も弱い部分領域となる。このように、企業は全体計画を通じて、最も弱い部分領域を中心としてさまざまな状態を均衡させようとするのである。

今見たように、経営における諸計画の調整は短期的には計画の均衡法則に基づくが、「長期的には、時々の隘路領域を他の部分領域の水準にまで、規制する傾向」[21]が生じる。つまり、計画は、長期的には、その最も弱い部門をいかにして他の部分領域の水準にまで引き上げるかということが問題となるのである。したがって、先ほどの例においては、財務面が最も弱い領域であるのならば長期的には財務面の強化を目指すことになるであろうし、販売面が最も弱い領域であるのならば長期的には販売面の強化を目指すことになるのである。

このように、企業の最高管理機関にとって、計画は多くの経営部分領域を調整するためにすぐれて有用な用具なのであるが、「もしも、この機関が、経営事象の指導と監督を——計画上、一つの周到な秩序が与えられた後で——計画および統制職位に任せるときは、多くの時間と労力を節約することができる。大きなずれがある場合にだけ、管理機関は、その時間と労力を、経常的な経営事象にふりむければよいのである」[22]。企業の最高管理機関は本来の管理意思決定については自らが担当しなければならないが、それに属さない部分の計画職務については他の職位に委譲することが可能なのであり、このように、派生的な管理要素としての計画を用いることによって、最高管理機関は本来の管理意思決定に集中することができるというのである。

三　経営組織

企業の最高管理機関が設定する企業政策的な目標は、計画において具体的に、数量的に、指示手段として反映されることになるが、このような計画と並んで、管理機関がその職務を遂行するために用いることができる用具が経営組織である。この組織によって、企業政策的な目標の反映としての計画が具体的に実現されることになる。グーテンベルクによると「組織化」は一定の過程を他の過程に結びつけること、より正確にいえば、これらの過程間の関係を規制することを意味するが、このような組織の職務を解決するためには、営業―経営指導を担当する人たち、即ち企業の最高管理機関がそれに照応する命令権を与えられていることを前提とする。なぜなら、この命令権や指示権が経営過程の規準である規則を制定する可能性を持っているからである。このような観点から、グーテンベルクは規則が経営組織の内容を成すと考えている。(23)

その際、規則は経営事実の中に浸透する深さによって二種類に分類される。「一般的規則」と「特殊的規則」がそれであり、すべての組織的規則においてはこれらの間で選択が行われることになる。(24)

一般的規則とは、繰り返し起こるような事象や事実に対して形成される規則であり、関係者に一定のやり方を指定したり、起こり得るケースのすべてに対していかに行動すべきかを規制する拘束的な命令を意味している。例えば、毎朝何時には出社しなければならないとか、作業場所に原材料がなくなった場合には倉庫に取りに行かなければならないといったような、繰り返し起こるような事実に対して形成される規則が一般的規則である。したがって、この場合、管理機能を委ねられている人間にとっては、その命令領域がその分だけ限定されることを意味している。これに対して、特殊的規則は、一回限りの事象や事実に対して形成される規則であり、ケースごとの個別的な指示のかたちをとるものである。この場合、命令権を与えられた人間に、特殊的決定のためのできるだけ多くの裁量領域が与えられることを意味しており、そこでは個人的な要因が大きく作用することになる。(25)

このような一般的規則と特殊的規則はどのような関係にあるのか。その際、まず明らかなことは、企業におけるすべての事柄が特殊的規則によって個別的に規制されるとすれば、その企業は十分に活動することができないということである。なぜならこの場合、例えば、毎朝九時に出社する場合にでも、「明日は九時に出社しなさい」というような命令を毎日下したり、作業場所に原材料が不足するたびに「倉庫に取りに行きなさい」と指示したりというように、繰り返し起こる同じような事象に対して、毎回新しく意思決定がなされ、規則づけられなければならず、効率が非常に悪いからである。こういった場合には、特殊的規則で毎回個別的に規制するのではなく、一般的規則を最初に一度だけ形成して規制すれば十分である。

したがって、グーテンベルクは原則として次のように指摘する。「一般的規則は特殊的規則に替わるものである。経営過程が比較的に高度の同一性と周期性を示すところでは、どこでも、特殊的規則が一般的規則に代置される傾向がある。いいかえると一般的規則への傾向なるものは経営事態の変動が少なくなるにつれて増大するのである」[26]。このような傾向を「組織の代位原則」とよぶ。組織される対象が同じ種類となり、反復可能となればなるほど、代位原則はそれだけ強く現れるのであり、組織される対象の変動性と一般的規則の程度が合致しているときに、組織的規則の生産効果が最大になる。しかしながら反対に、経営事象が複雑性、不規則性、不同一性を示せば示すほど、それだけ特殊的規則が一般的規則に代置される傾向が減少するのは明らかである。

したがって、一般的規則を適用している対象に不安定性が高まった場合には、一般的規則に基づく規制では対応できないために、特殊的規則に基づく規制に移行しなければならないが、反対に、個別的な指示が必要な場合に一般的規則が選択されるのであれば、それは一般的規則の過剰適用であり、その場合には困難な状況や重大な問題が生じるという結果になってしまう。一般的規則への傾向と特殊的規則への傾向との間にはこのような緊張関係があるが、この関係を調和させることが経営で絶えず作用している組織過程なのである。このように、「すべての組織構成体に一般的規則と特殊的規則の二つの要素があり、この二つの規則がそのときどきにいかなる関係にあるかは、経営事実が示す変化の程度に依存する。組織の代位原則はこの事態を表現している」[27]のである。

以上から、経営組織は規則をその内容とし、その規則は一般的規則と特殊的規則から成るということが明らかとなった。それでは、グーテンベルクは、具体的にはどのような問題を考えているのか。すでに述べたように、企業の最高管理機関が下す企業政策的な意思決定は企業において計画に反映されるのであるが、その計画は経営部分領域の諸計画から成るものであった。大規模経営において、こういった計画を実現していくためには、組織単位を構成し、これらの単位を一定の人間に管理させることが必要となってくる。その際、「生産経営における最小の経営単位は、普通、職長が指導する生産技術単位である。かかる単位が集まってヨリ大きな組織単位となる。すなわち、一部門（またはさらに細かい部門）に総括され、一人の部門指導者の支配下に置かれる。多くの経営部門が、一人の経営指導者に支配される『経営』を形成する」(28)。このように、経営組織は階層的な構成体として捉えられ、具体的には部門形成の問題が論じられる。

部門を形成する際には、それがどのような種類のものであっても、またどのような規模であっても、まずその部門が実行すべき職務が確定されなければならない。その部門にどのような職務が委譲されるのかを明確に確定しなければならないのである。さらに、その部門の管理者には、その部門に委譲された職務を成功裏に実行するための権限が与えられなければならない。その際、部門内においても部門間においても権限争いが生じないようにしなければならない。したがって、どのような人がどの職務に任命されているのか、そしてどのような人が部門の内外に対してどのような権限を有しているのかということを明確に確定しなければならないのである。また、これらの部門が成功裏に職務を遂行するためには、必要な情報がその部門に伝達されることが不可欠である。したがって、部門のメンバーが部門管理者に、また部門管理者はその上位の管理者に、それぞれどのように自らの作業・方策・決定について報告を行い、報告義務を負わされるかが確定されなければならないのである。このような規定を行うことによってはじめて、部門管理者は、その部門の責任を引き受けることができ

るのである。このように、組織的職務の解決には、職務、権限および責任が完全に一致しなければならないのである。(29)

ところで、このような経営部門それ自体は基本的には一般的規則によって規制されるものであると考えられる。なぜなら、上記のような部門形成について毎回新しく意思決定がなされ、規則づけられなければならないとすれば、その企業は十分に活動することができないからである。しかしながら、経営部門内で実行される職務については次のことに注意しなければならない。即ち、「当該経営単位における労働が規則的であればあるだけ、それだけ多く一般的命令が用いられ、経営過程に責任をもつ人に対する個人的留保はそれだけ小となりうる。しかし、他方において、経営関係が不安定であり、その過程とその規則とが全体経営に対してもつ意義が大であればあるだけ、それだけ個人的な命令と意思決定の余地は大となる」(30)。したがって、経営部門内部において一般的規則が用いられるのか、特殊的規則が用いられるのかということに関しては、その経営過程における複雑性、不規則性、不同一性によるのである。

また、経営部門内のみではなく、企業全体の経営過程が円滑に経過するためには、部門間の調整が必要となってくるが、それは企業の最高管理機関の本来の管理意思決定に含まれるということはすでに述べたところである。この調整もまた、大きな範囲において一般的規則に基づいて行われるのであり、特殊的規則は、変化する経営事実の圧力に一般的規則がもはや耐えることができなくなった場合に機能する「安全弁」であると考えることができるのである。(31)

このように、経営部門を形成することによって、部門の管理機関は企業の最高管理機関から派生して生じるのであり、したがって、上位の最高管理機関に対して従属的な関係に立つことになるが、企業においてはこういった組織的な結合が階層的になされ、企業政策的な意思決定が実現に至ることになるのである。即ち、上位の管理機関が下位の管理機関に職務とそれに対する意思決定権限を委譲し、委譲された下位の管理機関は自らの権限の範囲内でさらに下位の管理機関に職務と権限を委譲し、そしてまたその管理機関がさらに下位の管理機関に委譲するといったプロセスが続き、もはや委譲することができる意思決定権限がまったくなくなるまで行われる。このように組織化されることによって、企業政策的な意思決定は最終的に実現に至ることになるのである。(32)

第四節　おわりに

グーテンベルクは管理要素を三つの層から成る統一体として把握するが、その中でも営業―経営指導における非合理層をとりわけ重視している。そのため、企業の最高管理機関は常軌的な職務を免れ、その時間と労力を本来の管理意思決定に集中させることが重要なのであり、権限委譲することができる部分については下位の管理機関に委譲する必要があると考えている。即ち、企業の最高管理機関は本来の管理意思決定に集中するために、「どうしても、その命令権限の一部を、経営の下部構造および中間構造における組織単位の指導者に委任せざるをえない。それによって、組織単位の指導者は、いわば、企業指導の補助指導者となる」[33]のである。

このように、グーテンベルクにおいては企業政策的な意思決定を実現することが最も重要なのであり、経営組織はあくまでも企業の最高管理機関がその意思決定を実現するための用具として捉えられ、その問題は経営全体の管理の立場から論じられることになる。したがって、グーテンベルクの組織論はあくまでも管理論の一部として展開されるのである。

（宮田　将吾）

注

（1）Gutenberg, E., *Grundlagen der Betriebswirtschaftslehre, Bd. 1. Die Produktion*, 24. Aufl., Berlin/Heidelberg/New York 1983, S. 236.（溝口一雄・高田馨訳『経営経済学原理』第一巻生産論、千倉書房、一九五七年、一七五―一七六頁。）なお、訳書は原著第二版（一九五五）に基づいているため、第二四版と完全には対応していない。そのため、第二四版と訳書の関係については、対応していると思われる部分を可能な限り示し、変更あるいは削除されただろうと思われる部分については第二版と訳書の該当する部分を示した。また、以下の原著からの引用にあたっては、基本的に訳書に基づくように努めているが、用語の統一の関係上、必ずしも訳書通りではない。

（2）*Ebenda*, S. V.（同上訳書、第一版への序文。）

（3）グーテンベルクははじめから組織の問題を扱っていたわけではない。第二次世界大戦前においては、組織の問題は別問題の源泉であるとして、経営経済学の理論の対象から除外されていたのである。経営組織という問題自体を経営経済学において否定するのではないが、その問題は経営経済学的に扱いきれない面を多く含んでいるのも事実であり、企業を純粋に経営経済学的に分析するために組織の問題が中立化されていたのである（Gutenberg, E., *Die Unternehmung als Gegenstand betriebswirtschaftlicher Theorie*, Berlin/Wien 1929, S. 24-26. 高橋慧訳『経営経済学の対象としての企業』法律文化社、一九七八年、一八―二〇頁）。
（4） 生産要素は生産性を基準として投入される同格の要素として扱われるため、人間の労働も単なるモノである経営手段や材料と同格の要素として分析されることになる。こういった点は、後に新規範主義経営経済学や労働志向的個別経済学の立場から批判されることになるが、グーテンベルクは人間の労働を軽視しているわけではない。グーテンベルクは、あくまでも「現実科学」としての経営経済学をうち立てようと努めたのであり（吉田和夫『グーテンベルク経営経済学の研究―企業者職能と経営費用の問題―』法律文化社、一九六二年、一二頁）、現実の企業においては人間の労働が一つの要素として扱われているという事実に基づき理論を構築しているのであって、労働者利害を考慮に入れていないということは決してないのである（長岡克行『企業と組織―グーテンベルク経営経済学研究―』千倉書房、一九八四年、三八〇―三九四頁）。
（5） Gutenberg, *Grundlagen der Betriebswirtschaftslehre*, 24. Aufl., *a. a. O.*, S. 5.（前掲訳書、五頁。）
（6） *Ebenda*, S. 6.（同上訳書、六頁。）
（7） *Ebenda*, S. 6.（同上訳書、六頁。）
（8） グーテンベルクによると「われわれはここにおいて科学的努力の限界に突き当たる。――この限界は、各研究者の方法論や能力にあるのではなくて事実そのものの中にあるのである」（Gutenberg, E., *Grundlagen der Betriebswirtschaftslehre, Bd. 1. Die Produktion*, 2. Aufl., Berlin/Göttingen/Heidelberg 1955, S. 103. 同上訳書、一〇九頁）。
（9） Gutenberg, *Unternehmensführung: Organisation und Entscheidungen*, Wiesbaden 1962, S. 5.（小川洌・二神恭一訳『企業の組織と意思決定』ダイヤモンド社、一九六四年、v頁。）
（10） Gutenberg, *Grundlagen der Betriebswirtschaftslehre*, 24. Aufl., *a. a. O.*, S. 7.（前掲訳書、七頁。）
（11） Gutenberg, *Grundlagen der Betriebswirtschaftslehre*, 2. Aufl., *a. a. O.*, S. 116.（同上訳書、一二二―一二三頁。）
（12） Gutenberg, *Grundlagen der Betriebswirtschaftslehre*, 24. Aufl., *a. a. O.*, S. 148.（同上訳書、一一四―一一五頁。）
（13） *Ebenda*, S. 8.（同上訳書、八頁。）
（14） Gutenberg, *Grundlagen der Betriebswirtschaftslehre*, 2. Aufl., *a. a. O.*, S. 166.（同上訳書、一七三―一七四頁。）

(15) Gutenberg, *Grundlagen der Betriebswirtschaftslehre*, 24. Aufl., *a. a. O.*, S. 236.（同上訳書、一七五頁。）

(16) グーテンベルクは経営意思形成を担当する者として、資本所有者、管理機能を担当する者、経営の従業員、公共利益の代表者あるいは経営外部の計画局を挙げているが、「純粋な」資本主義的経営に特有の経営形態としての企業においては、資本所有者と管理機能を担当する者以外には存在しないとしている（*Ebenda*, S. 486-507. 同上訳書、三六六―三九三頁）。

(17) Gutenberg, *Unternehmensführung*, *a. a. O.*, S. 59-61.（前掲訳書、六五―六七頁。）

(18) *Ebenda*, S. 61-75.（同上訳書、六八―八四頁。）

(19) 中級管理機関や下級管理機関の意思決定状況としては、リスク下での意思決定と確実性下での意思決定として特徴づけている（*Ebenda*, S. 155-172. 同上訳書、一八一―二〇三頁）。

(20) Gutenberg, E., *Einführung in die Betriebswirtschaftslehre*, Wiesbaden 1958, S. 48.（池内信行監訳／杉原信男・吉田和夫共訳『グーテンベルク　経営経済学入門』千倉書房、一九五九年、五六頁。）

(21) *Ebenda*, S. 48.（同上訳書、五七頁。）

(22) *Ebenda*, S. 49.（同上訳書、五八頁。）

(23) Gutenberg, *Grundlagen der Betriebswirtschaftslehre*, 24. Aufl., *a. a. O.*, S. 237.（前掲訳書、一七六頁。）

(24) *Ebenda*, S. 238.（同上訳書、一七七頁。）

(25) いずれの規則に基づくにせよ、管理機能を委託された人間にとっては、自らの職務権限の範囲内であれば、一般的あるいは特殊的指示を与える可能性を有している。これに対して、指示を受け取る側、即ち労働者からすれば、いずれの規則に基づこうとも、その労働給付の実行に対して享受することができる個人的な形成領域を減少させることになる。したがって、労働者にとっては特殊的規則に基づくか、あるいは一般的規則に基づくかということが問題であるのではなく、むしろ規則自体が少ないかどうかということが問題である（*Ebenda*, S. 238-239. 同上訳書、一七八頁）。

(26) Gutenberg, *Unternehmensführung*, *a. a. O.*, S. 145.（前掲訳書、一七〇頁。）

(27) Gutenberg, *Grundlagen der Betriebswirtschaftslehre*, 2. Aufl., *a. a. O.*, S. 178.（前掲訳書、一八六頁。）

(28) Gutenberg, *Einführung in die Betriebswirtschaftslehre, a. a. O.*, S. 50.(前掲訳書、六〇頁。)
(29) Gutenberg, *Unternehmensführung, a. a. O.*, S. 101-118.(前掲訳書、一一三―一三五頁。)
(30) Gutenberg, *Grundlagen der Betriebswirtschaftslehre*, 2. Aufl., *a. a. O.*, S. 176-177.(前掲訳書、一八五頁。)
(31) *Ebenda*, S. 177-178.(同上訳書、一八五―一八六頁。)
(32) 最高管理機関の意思決定については、本来の管理意思決定は委譲することができないということはすでに述べたところである。この考え方は、その他の階層でも妥当する。即ち、委譲できる部分は、委譲する側の管理職位が行う職務の遂行が、下位に委譲された意思決定権限が正当に行使されることによって脅かされない場合に限られるのである。したがって、上位の管理機関の職務遂行が脅かされるとすれば、それは明らかにあまりにも多くの意思決定権限が委譲されたということになる。反対に、上位の管理機関にあまりにも多くの意思決定権限が留保された場合、その機関には非常に多くの負担が残ることになり、自らの職務をもはや公平に判断することができない危険に陥るおそれが生じることになる(Gutenberg, *Unternehmensführung, a. a. O.*, S. 155-157. 前掲訳書、一八一―一八四頁)。
(33) Gutenberg, *Einführung in die Betriebswirtschaftslehre, a. a. O.*, S. 51.(前掲訳書、六一頁。)

第二部　グーテンベルク理論の展開

第六章　方法論争から見た意思決定志向的経営経済学

第一節　はじめに

意思決定志向的経営経済学（entscheidungsorientierte Betriebswirtschaftslehre）は、ハイネン（E. Heinen）により立ち挙げられた。かれは、グーテンベルクの門下生で、最初は、グーテンベルクの伝統を引き継ぎながらも、それを修正発展させるという方向で、費用理論を研究した。ところが、その後、徐々に、当時のアメリカで主潮流になりつつあった行動科学的な傾向に影響を受けながら、その成果を伝統的な経営経済学に取り入れようと試みた。特に、経営経済内の現象を意思決定として把握して、この把握方法から新しい経営経済学を構築しようとした。

しかし、かれはその構想を彫琢し、完成の域に到達させたとは言い難い。それ故、ハイネンを意思決定志向的経営経済学の担い手と見て、その構想を検討することは、塑性可能性の高い未完成品に評価を施すことになる。

このこととの関連で、構想の段階に留まったハイネンの意思決定志向的経営経済学に、内容を盛り、少なくとも理論的枠組にまで導き、意思決定志向的経営経済学の一つの完成体を作ったのが、ハイネンの門下生であるウェルナー・キルシュ(W. Kirsch)であった。つまり、キルシュは、一九七〇年から一九七一年にかけて『意思決定過程』(1)を発表したが、この業績は、意思決定志向的経営経済学の内容に相当するものと見られるのである。

このように考えると、この業績を検討することは、意思決定志向的経営経済学を、より完成に近づいた段階において検討することになる。従って、その検討は、ハイネンが構想した意思決定志向的経営経済学の意味を画定する上で、是非行われるべきことである。

ところで、キルシュが『意思決定過程』を発表するや否や、*ZfB* 誌上に幾つかの書評と論稿が発表されて、論争が展開された。この論争は、途中から、方法論争と認識されることとなった。

本章では、この論争を取り上げ、意思決定志向的経営経済学の一つの進捗方向の特質を考察する。

第二節　意思決定過程論

われわれは、キルシュの『意思決定過程』の概要を見ておこう。(2)

キルシュは、組織をシステムとして捉え、組織が、政治システム、管理システム、作業監督システムからなると考える。

まず、組織目標についての認識は、グーテンベルクからハイネンを経て、キルシュに至るまで内容が変化しつつも受け継がれている研究対象である。

キルシュは、組織目標というのは、所与ではなくて、組織内の政治システムで次のように形成されると認識している。まず、個人が自らの個人目標に照らし合わせて、誘因と貢献の均衡の破壊に基づく不満に基づいて、組織に対する目標を形作る。政治システム内部において、形作られた複数の組織に対する目標の内から、一つが選択されるかあるいは幾つかの目標の内容が折衷されて、最終的な目標の権威づけが行われる。これが組織目標である。

完成した組織目標は、われわれの見解では、組織の事業領域（ドメイン）である[3]。つまり組織は、自らの内部の意思決定過程から立ち挙げながら、社会的欲求のいずれかの部分の充足を自らの企業の生産任務とするのである。それ故ここに言う組織目標というのは、それをもって達成する営利目標とは区別されるものであり、営利目標を達成するための手段である。しかし、手段とは言え、組織の任務として組織全体を覆う使命となることは確かである。

さて、組織目標が形成された段階から言えば、それは組織内で徐々に具体化されて、組織の上部から下部方向に向けて降ろされていって、その過程で個人間交渉が随所で行われて、最終的に組織行動が決定されるのである。随所で入るそうした交渉過程の捉え方にキルシュによる行動科学の導入の特色が現れる。

キルシュは、組織における意思決定過程論を、個人の意思決定過程の認識から始める(4)。個人の行動は、個人の記憶に蓄積された情報の中から部分的情報が選択されてそれに基づいて行われる反応として捉えられている。

組織に入ってきた個人を考えれば、個人は、一方で、長期的に、記憶を蓄積していく。上司の指示や、忠告、叱責、あるいは組織文化などを試行錯誤の上で長期間をかけて蓄積する社会化の事態がこれである。個人は、他方で、短期的に、こうした情報の中から、具体的状況に直面した時に、上司やその他の構成員からの情報を刺激として、ある部分の情報を喚起して、行動の直接的前提とする。これが、意思決定前提（Entscheidungsprämisse）である。

管理機能を担った上司からすれば、管理の都合で個人を動かそうとするし、個人からすれば、上司からの指示に従うかどうかは、個人の利益との均衡を考えて判断されることとなる。これが個人と個人の交渉なのである。この中で行われる上司からの働きかけが操作である。その手法にも、古典的経営組織論が考えていた権限に基づく命令だけではなく、過去に肯定的報酬を与えたことを想起させること、指示に従った場合の報酬供与の約束、指示に従った方が良いことの説得行為等の多様性が存在することになったのが、行動科学的対人的管理論の特徴である。

以上が、キルシュの『意思決定過程』の内容的特徴の概要である。次に、われわれは、『意思決定過程』を巡って発生した論争に目を向けよう。まず、われわれは、論争に火を着けたブロームの書評を見ることとする。

第三節　ブロームによる書評

キルシュの『意思決定過程』へのブローム（H. Blohm）による書評[5]は次のように纏められる。

キルシュの学説は、応用意思決定科学である。かれは、意思決定過程の規範的形成は、それが組織における実際の意思決定行動についての現実的な構想によって支えられている時に始めて成功し得る、という説を提唱している。かれの業績は、専ら心理学的観点、社会心理学的観点、政治学的観点、一般社会学的観点を中心に据えることにより、こうした現実的な構想を展開する努力に捧げられている。その意味で、キルシュの書物では、第一次的には経験的研究が問題になっている訳ではなく、著者の特殊な問題設定からのアメリカの文献に見られる言明の取り纏めがなされているのである。

ブロームは、以上のように、キルシュの意思決定過程論が、学際志向的であること、文献の取り纏めであること、応用志向的であることを確認する。

ブロームは、第一に、キルシュの意思決定過程論が学際志向的である事態に関連して、次のように言う。意思決定過程論は、ごく限られた部分しか経営経済学的業績とは見なされない。主として経営的現実からは事例が引用されていないことからも、経営経済学は端の方でしか扱われないことが分かる。学際志向に批判的なブロームは、次のようにも言う。「こうして例えば、経営経済学的目的のために個人と集団の意思決定過程についての科学的に根拠づけられた言明に到達し得るまでには、そもそもまず実際に人間行動の理論が作られなければならないのか、と問える。(6)」

ブロームは、第二に、キルシュの意思決定過程論が文献の取り纏めである事態と関連して、次のように考える。ブロームは、文献の取り纏めをもって研究とする立場に批判的であり、ドイツの社会科学においては、非常な勤勉さで、アメリカの文献が取り纏められるが、何ら本来の意味において、研究がなされてはいないと見ている。

その上で、ブロームはキルシュの意思決定過程論の内容についても、特定の条件下の経営における人間行動に関する事実上の新しい洞察、独自の研究は、殆ど皆無である、と位置づける。

上記のように現実の観察を重視するブロームは、経験的研究の意味を当然ながら重視している。ブロームによれば、社会学と心理学の観点の大変詳しい提示よりも、多少とも現実の経営上の関連に対するより深い洞察がなされたならば、それは、経営経済学者に対しては恐らくはより関心のあるものとなるであろう。「…私は、(実践志向的)経営経済学者として、その業績を判断している。(7)」結果として、実践問題の解決への導きが、その書物には見られない、とブロームは考える。

ブロームの書評は短いものであるだけに、その解釈には、慎重になるべきである。ただわれわれは、少なくとも、ブロームが、第一に、経営経済学が応用志向的であると考えること、第二に、学際志向を否定し、経済学志向であるべきであると含意すること、第三に、経験的研究特に観察を重視すること、の三点を読み取れる。

第三点目を補足すれば、経営経済学が、本来の意味において研究するべきであるという見解がブロームの根底にあった。だが、本来の意味の研究とは何かについては、経営の現実を観察して、そこから、新しい洞察、独自の研究成果を獲得するべきであるということのみが理解され得る。つまり、われわれの解釈によれば、ブロームは、本来の研究の意味を決して明らかにせず、単に、研究の名の下での文献の取り纏めを批判し、経験的研究を推奨しているのみであった。結論的には、ブロームは、理論、仮説、観察という一連の研究に関連する事項の意味を理解しているかどうかについては、われわれはそれを読み取ることができないのである。

われわれは、これらの点に関して、ブロームの書評に端を発して発表された幾つかの論稿を見る。

第四節　ブロームに対するレーバーの反論

ブロームによる書評に対して、レーバー（G. Reber）は、まず、「本来の研究」の意味についての議論から入り、次のように言う(8)。

キルシュの研究に対して、ブロームは、それは、本来の意味では研究されていないと批判した。その際、本来の研究とは何かの判断基準が明確にならない限り、この批判は意味を持たない。全ての問いは、当該の対象に対する関心と並んで、その対象についての仮説を前提する、とした上で、レーバーは、一方での文献における言明即ち仮説と、他方での観察との間には、常に対峙がなければならないという事態が、ブロームの見解では仮定されていない、と言う。レーバーによれば、それ故、結局、文献研究が本来の意味における研究ではないとは先験的には言えない。

レーバーの言うことをわれわれが解釈すれば、研究者が持った問いについて、先行文献からどのような仮説が見出されるのかを摘出し、それと経験世界との関係を検証し、場合によっては仮説を修正する、という一連の行為が、本来の研究の名の下で、理解され得る。かれによれば、問題は、固有の問いを立てて観察を行うか、研究対象に対する問いが立てられ、解答がなされている文献を見出すか、である。前者を取るか、後者を取るかは、効率条件に依存する。

かれがこの二者択一で示そうとした真意は、ある問いについて先行文献で研究がどこまで進んでいるのかその境界を確かめて、その上で固有の問題意識から仮説を定立して、それを観察言明と突き合わせることが本来の研究の意味であると言うことであると解され得る。

レーバーによれば、キルシュは、心理学、社会心理学、社会学においては、経営における人間の現実の行動を説明し予測し得る成果が存在するという説から出発する。さらにレーバーによれば、ブロームの学際志向に対する否定的態度は、ブロームが自らの書評を、経営経済学的書評として提示したと明言することによって根拠づけられる。

レーバーは、この言葉は、経営経済学的書評の「経営経済学的」観点が、明確にされて始めて根拠づけられたものとなる、とする。レーバーは、ブロームが使用する「経営経済学的」の意味の狭隘性を以下のように、例示的に示唆する。
生産要素「労働」を見ても、経済人（homo oeconomicus）は存在せず、この架空を利用した模型は、非現実であり、また応用意思決定理論の範疇に属さないことが確認される、と。この限りで、ブロームの言う「経営経済学的」観点とは、国民経済学の基本的命題が拠って立つ観点と言えるであろう。このように言うレーバーによれば、反面、上述のような「経営経済学的」観点を刷新ないしそれを代替する、新しい人間像の特性に関しては、一致がないのである。それ故、「より現実的な人間像を企画する全ての科学的認識は、こうした不一致状態の下では、もとより歓迎されなければならない。」(9)

経営経済学者が無批判的に隣接諸学問の成果を取り上げ得ないこと、追加的な独自の仮説の定立とその検証を必要とすることは自明であるとしながらも、レーバーは、このように隣接諸学問の認識の取り入れに対する肯定的態度からブロームを批判する。

レーバーは、中間地点での成果に対して留保条件抜きに賛同するのではないとしながらも、キルシュの試みのような隣接諸学問の仲介的試みに対する寛容と理解を示す。もちろんここに言う仲介的試みとは、経営経済学に、経済人の人間像を現実化するために隣接諸学問の認識を取り入れ、それらの認識への橋渡しをする行為を指し示す。

さらにレーバーはブロームの言葉を引用する。「・・・経営経済学的目的のために個人と集団の意思決定過程についての科学的に根拠づけられた言明に到達し得るまでには、そもそもまず実際に人間行動の理論が作られなければならないのか、と問える。[10]」レーバーは、ブロームのこの見解に関して、キルシュの意図はより控えめであって、キルシュは、人間行動の理論を「作ろう」とした訳ではなく、こうした理論を伴う隣接諸学問が如何に広範かを検討し、選択された多かれ少なかれ不確実な成果を経営経済学的議論へ取り上げようという提唱をした、とする。

ただし、われわれの見解によれば、確かにキルシュは人間行動の理論を自ら作ろうとした訳ではないものの、ブロームの引用文には、キルシュの『意思決定過程』への本質的洞察が含まれている。それは、キルシュが、組織の意思決定過程論を、人間行動の理論に基づいて構成しようとしている点である。この点は、もとよりキルシュの意思決定過程論の内容に関わり、還元主義（Reduktionismus）[11]に関わる問題である。

レーバーのこうした論評に接して、再度、ブロームは論稿を発表して、次のように自説の補強を試みた。[12]

実践で活動する経営構成員にとって、キルシュの意思決定過程論は意味があるのか、として、ブロームは、飽くまでその実践への意味ないし応用上の意味を窺い、次のように言う。「私は、アメリカに淵源を持つ文献からの引用は、われわれ中部ヨーロッパ人にとっての人間行動の問題に際して、実際に応用志向的研究の適切な基盤を示すのか、という根拠のある疑問を持つ。[13]」

ブロームは、キルシュの『意思決定過程』についての最終的評価として、まったく新しい構想ではあるが、実践家が興味を持った正にその地点で前進せず停止している、と言う。[14]

第五節　キルシュによる論評

キルシュは、ブロームとレーバーの見解が表明された後、それらに関連して論稿を発表した。(15) その論稿において、かれは、本来の研究の意味ならびに応用科学の意味という二点を中心に議論する。

キルシュは、まず、本来の研究の意味を巡って、次のように言う。

既存の隣接諸学問の研究成果の何らかの統合を約束し、一層の経験的研究を導き得る理論的枠組の彫琢が、かれの『意思決定過程』の課題であった。「本来の研究」をしていないというブロームによってなされた批判にキルシュは自らの立場から答えて、かれは、問いを立てるための文献研究の意味を強調しながら、「本来の研究」をしようとするならば、文献を取り纏めることが役に立つ、と明言する。(16)「本来の研究」に関する限り、キルシュはレーバーの解釈と一致していると解され得る。

キルシュは、文献を取り纏めることの意味の強調と一貫して、ブロームが、アメリカの文献の取り纏めが、中部ヨーロッパ人にとって、実際に応用科学的研究の適切な基盤となるのか、という疑問を表明したことに関係して、次のように言う。

ブロームによる中部ヨーロッパ人特殊論は、人々が社会化の過程を経ると考える限りで、正しい。しかし、どの程度社会化が生じたのかに解答しようとすると、実践と狭隘に結び付いた経営構成員の個人的経験に頼るのではなく、体系的経験的研究をなすことは避けられない。(17) その際、社会学と文化人類学の文献研究から適切な問題設定をなして、経験的研究に対する適切な設計をなすことが推奨される。

われわれの解釈によれば、中部ヨーロッパ人特殊論を展開するに当っても、その特殊性の発生過程の提示には、まず、一般論としての仮説があり、次に、人々がどのような場合にどのような特徴を教化されて擦り込まれ社会化されたのかの説明については、複数の仮説が必要である。これらの仮説を先行研究を精査した上で定立して、さらにそれらの仮説の妥当性を検証するという過程がキルシュの考える研究方法である、と見られる。キルシュが行おうとしているのは、先行研究の精査に基づく仮説の定立とデータによるその検証であると見られる。

これとは対照的に、ブロームにおいて想定されているのは、中部ヨーロッパ人の特殊性を、経営の実践に携わる経営構成員に聴取するなり、経営構成員の行動を見て了解するなりして、例えばドイツ的経営の特殊性を解明するという方法であると理解され得る。こうしたブローム的研究方法は、キルシュ的には理論的根拠づけのない狭隘な試論に留まるのである。

キルシュは、次に、経営経済学が応用科学であることの意味を巡って、次のように言う。かれは、応用科学の展開を目指すことを強調した上で、応用科学は、第一に、正しいあるいは推薦価値があるという意味の価値判断を伴うので、経営経済学は規範科学であり、応用科学は、第二に、経営経済学が作った推薦が実践の人々によって受容される必要がある、と述べる。

その上で、キルシュは言う。(18) 経営経済学は、最近まで経営計画手続きを経営実践に対して推薦したが、経営経済的意思決定が実際にどのように経過するのかについての素朴な考えしか持たなかったが故に、そうした推薦は実践には適用されなかった、と。意思決定過程に関する行動科学に基づく認識は、対象について素朴ではなく現実的な把握に導き、そうした認識に基づく実践に対する推薦は、応用可能性が高い。約言すれば、より現実に近い認識が応用可能性もより高い、とするのがかれの基本的立場である。

キルシュは、経営経済学を営むに当って、利用する認識に関して経済学の周囲になされた線引きを「人工的に作られたダム」と称し、それを破って経営経済学を隣接諸学問に関連づける展開が妥当であるとして、上述の応用可能性についてのかれの基本的立場の正当性を表明する。

第六節　ブドイスによる方法論争化

ブドイス（D. Budäus）は、この論争を見て、むしろその方法論的基盤に焦点を当てて、議論に参加した(19)。かれは、キルシュの『意思決定過程』を巡る論争の中に入って、科学理論的な基本的考察（wissenschaftstheoretische Grundüberlegung）をしたい、とする。かれには、その論争によって、ハイネンやキルシュによって代表される経営経済学の意思決定志向的構想からは新しい方法論争が生まれなければならないと見えるので、こうした基本的考察をしておくことは必要なのである。

ブドイスは、意思決定志向的構想は、多くの経営経済学者からの反論なしでは済まされないものである、と考える。ブドイスが予期するそうした反論は、アモン（A. Amonn）の科学理論的思考模型に基づいて作られた伝統的な科学画定から行われるものである[20]。認識対象（Erkenntnisobjekt）と経験対象（Erfahrungsobjekt）の区別に志向したこの思考様式は、経営経済学にとっては、思考的抽象によって、「純粋経済学的要素」の形を取る拘束的関連変数を形作った。それによって「確固とした方法論的基盤」ができたのである。ブドイスは、ヴェーエの見解を引用しつつ、こうした「確固とした方法論的基盤」によって、空転と、当該研究領域への他の科学の干渉が回避されるとする。

こうした伝統的な科学画定を行う古典的認識理論によると、認識対象志向的な思考様式がなされ、固有の科学領域の免疫化と独立の学科の特別な強調によって、予め設定された認識対象に基づきながら、学科特殊的関連を持っていない全ての構想と仮説は覆されたと判断されるのである。古典的認識理論によれば、研究されるべき現実について先験的に多かれ少なかれ任意の整理がなされることが前提とされている。これに関連する認識が集められ、学問形成がなされている訳であるから、そこでは、何が真理かについての基準に関するドグマ化が行われていることとなるのである。

古典的認識理論のこうした方法論は、ポパー（K. R. Popper）やアルバート（H. Albert）によって代表される批判的合理主義（kritischer Rationalismus）によって、現実を認識する用具としては否定された[21]。

批判的合理主義による経営経済学の方法論の拡張は、経営経済学的理論を理論的複数主義の中で反証する可能性を表している。それによって、常に認識は不確実なものとして扱われることとなり、科学的努力は真理にできるだけ近づこうとする試みであるという、研究のための前提が作られる。

ブドイスは、批判的合理主義について、結論的に、その立場と伝統的な科学画定との違いは、批判的合理主義は、真なる認識発見に至る方法としては現状では反駁されていないことである、と言って締め括っている。

かれは、単に方法論的立場について以上のような指摘を行うのみではなく、さらに議論を進めて、経営経済学の中で議論されるべき問題は、隣接諸学問の認識が考慮されるべきか否か、ではなく、学際性がどのような形態で経営経済学に導入されるのかということであるとして、それには、次の二つの形態があるとする。(22)

一方では、広域包括的な学際的理論を展開して、そこに経営経済学の対象の問題を統合するという方法がある。例えば、ルーマン（N. Luhmann）の業績が、そうした理論の例である。

他方では、経営経済学を問題志向的研究として捉え、問題に必要な認識を学問境界にとらわれずに利用する方法がある。この場合、経営経済学の境界は問題の特質から生じ、それは、大まかに「企業に関連するという特質」としか言い得ない形で生まれる。

われわれの見解によれば、キルシュの『意思決定過程』に表れた学際性の意味は、これらの二つのうち、前者に近いと見られる。ただし、われわれは、ルーマンの広域包括的な学際的理論に匹敵する抽象度の高い枠組をキルシュが作っているとは考えない。

キルシュは、第二節で触れたように、システム論の認識と、サイモンの意思決定論から多大な影響を受けている。こうした影響の下、『意思決定過程』においては、現象を把握するための仮説を発生させることができる抽象度を持つ理論的枠組が形成されたと解され得るのである。

さて、ブドイスによるこうした議論により、『意思決定過程』を巡る論争は、「方法論争化」した。

われわれは、ブドイスの見解について、次のように考える。

キルシュの『意思決定過程』は、内容的には、組織の意思決定過程についての学際的な研究であり、方法論的には、批判的合理主義の路線を取った。しかし、『意思決定過程』公刊の時点では、キルシュは、批判的合理主義について明言してはいなかった。『意思決定過程』の学際性から、それが批判的合理主義の立場と整合的であるとしたのは、ブドイスである。

その際、学説の学際性の有無だけが、批判的合理主義の立場選択の条件ではない。その意味で、われわれは、経営経済学と批判的合理主義の関係について、ブドイスの見解に対して、次のような疑問を持つ。

ブドイスは、伝統的方法論的立場の代表として、ヴェーエとモクスターを挙げているが、かれらの方法論的立場は、当時の経営経済学の実体内容を反映したものであったのであろうか。当時の代表的な経営経済学者のグーテンベルクの学説を取り上げてみると、かれの学説は、当時の経済学に見られた生産関数を現実化しようとした試みであると解され得て、その学説は、決して、批判的合理主義の精神と矛盾するものではない。

この事態は、ブドイスによる批判的合理主義の立場選択の判断が、ある学説の学際性の有無によっているという事態から来る。われわれの見解によれば、批判的合理主義とは、認識を全て暫定的仮説と見なし、反証の可能性にさらされている認識であると位置づける可謬主義的立場であって、隣接諸学問への開放性については、それは、より現実的な仮説を作って、現状の仮説を覆そうとするための手段と見なされるに過ぎない。

われわれが、キルシュの学説と批判的合理主義の関連を表すならば、批判的合理主義の立場が、キルシュによってより明確に表面化したと表現するべきであって、決してかれの学説を含む意思決定志向的経営経済学は、ドイツ経営経済学史において批判的合理主義の立場を持った嚆矢ではない。

この意味では、ブドイスの言う、意思決定志向的経営経済学が伝統的方法論的立場からの決別を果たし、批判的合理主義が登場したという位置づけは、誤解である(23)。

第七節　おわりに

ハイネンが構想した意思決定志向的経営経済学の内容充填の一方向は、キルシュの『意思決定過程』に見られた。

われわれは、この書物を巡って展開された論争を跡づけることが、ハイネンが取ろうとした方向の検討になると確信したのである。

われわれがこの論争を跡づけることによって、次のことが明らかになった。

第一に、『意思決定過程』は、文献の取り纏めであるが、それは、現実を把握するための必要な階梯である。この取り纏めをなすに当って、キルシュは、伝統的な経営経済学が基礎にしてきた経済学の範囲を出て隣接諸学問の成果を取り入れたのである。

第二に、現実に接近すると言うこの態度は、『意思決定過程』の中で作られた理論的枠組に基づいて仮説が作られ、それと観察言明が突き合わされて、経験的な研究が行われる方向を取ることを支持していた。この意味では、キルシュは、批判的合理主義の立場を『意思決定過程』の段階で支持していたと解され得る。その方法論的精神は、可謬主義的立場に基づいて、現実により近い言明を獲得しようとするものであって、かれによれば、この立場は、応用科学としての経営経済学にとっても有意義な特質である、と位置づけられた。

第三に、『意思決定過程』は、ブロームも言うように「特殊な問題設定からの」アメリカの文献の取り纏めである。その特殊な問題設定ないし観点は、キルシュが、学説の内容として、個人の意思決定過程に関連づけながら、組織における意思決定過程を解明しようとした事態に現れる。意思決定志向的経営経済学の一つの有力な展開方向が、個人に関する言明に関連づけて、ないしそこへ還元を行いながら、組織現象を解明しようとする立場に向って進捗していることが明確に窺えるのである。また、この事態から、そうした方法によって、組織現象あるいは少なくとも組織における意思決定過程を説明できて、その上に立って科学的な提言をなすことが可能かどうかという問題もまた提起され得ることとなる。

われわれは、『意思決定過程』を巡る論争から、意思決定志向的経営経済学の方法ならびに内容について以上のような点を摘出できるのである。

（渡辺　敏雄）

注

（1）Kirsch, W., *Entscheidungsprozesse*, Band I: *Verhaltenswissenschaftliche Ansätze der Entscheidungstheorie*, Wiesbaden 1970. Band II: *Informaionsverarbeitungstheorie des Entscheidungsverhaltens*, Wiesbaden 1971. Band III: *Entscheidungen in Organisationen*, Wiesbaden 1971.

（2）渡辺敏雄『管理論の基本的構造［改訂版］』（税務経理協会、二〇〇〇年）、特に第二章、第四章、第五章を参照のこと。

（3）渡辺、前掲書、特に第四章を参照のこと。

（4）キルシュは、特に、サイモン（H. A. Simon）の『経営行動』（*Administrative Behavior*, N. Y., 1945）に大きな影響を受けている。

（5）Blohm, H., (Buchbesprechung), Werner Kirsch, Entscheidungsprozesse, 3 Bände, Dr. Th. Gabler Verlag, Wiesbaden 1970 und 1971, *ZfB*., 41. Jahrg., 1971, S. 893-895.

（6）Blohm, *a. a. O*., S. 895.

（7）Blohm, *a. a. O*., S. 895.

（8）Reber, G., „Entscheidungsprozesse" —Kritische Bemerkungen zu der Buchbesprechung von W. Kirschs „Entscheidungsprozesse" durch H. Blohm—, *ZfB*., 42. Jahrg., 1972, S. 147-150.

（9）Reber, *a. a. O*., S. 148.

（10）Blohm, *a. a. O*., S. 895.

(11) 還元主義とは、システムに関わる言明が、その内部のシステムないし個人に関わる言明に関連づけて説明可能であるとする説である。キルシュの理論の還元主義的性格を巡っては、ルーマンの次の書評がある。Luhmann, N., Grundbegriffliche Probleme einer interdisziplinären Entscheidungstheorie, *Die Verwaltung*, Heft 4, 1971, S. 470-477.

(12) Blohm, H., Stellungnahme zu den kritischen Bemerkungen meiner Buchbesprechung zu W. Kirsch, Entscheidungsprozesse, *ZfB*., 42. Jahrg., 1972, S. 150-151.

(13) Blohm, *a. a. O.*, S. 150-151. 傍点は、原文ではイタリック。

(14) Blohm, *a. a. O.*, S. 151.

(15) Kirsch, W., „Entscheidungsprozesse" —Eine weitere Replik auf die Buchbesprechung meines gleichnamigen Werkes durch H. Blohm—, *ZfB*., 42. Jahrg., 1972, S. 222-226.

(16) Kirsch, *a. a. O.*, S. 222.

(17) Kirsch, *a. a. O.*, S. 224.

(18) Kirsch, *a. a. O.*, S. 225.

(19) Budäus, D., Betriebswirtschaftslehre und Wissenschaftstheorie —Ein Beitrag im Rahmen der Diskussion um die „Entscheidungsprozesse" von W. Kirsch—, *ZfB*., 42. Jahrg., 1972, S. 373-375.

(20) Budäus, *a. a. O.*, S. 373. こうした科学画定を作る代表的論者として、ブドイスは、ヴェーエ（G. Wöhe）とモクスター（A. Moxter）を挙げている。

(21) Budäus, *a. a. O.*, S. 373.

(22) Budäus, *a. a. O.*, S. 375.

(23) ブドイスをこうした誤解に導いたのは、かれは、学説が現実に近づくには、学際性が必要だと認識したことによると解され得る。われわれの見解によれば、意思決定過程に関する認識を展開する立場でも、批判的合理主義以外の方法論的立場を取り得るし、生産関数についての理論を展開する立場でも、批判的合理主義の方法論的立場を取り得る。

第七章　「進化的マネジメント」としてのキルシュ学説

第一節　はじめに

キルシュ（W. Kirsch）[1]は、意思決定志向的経営経済学の提唱者であるハイネン（E. Heinen）門下であり、ミュンヘン大学におけるハイネンの講座を受け継いだ、意思決定志向的経営経済学の代表的論者である。[2]彼は二〇〇六年にミュンヘン大学を定年退職した後も、同大学の組織理論基礎研究センターのリーダーを務めるなど、ドイツ経営経済学会に大きな影響を持ち続けている。

本章では、このような経歴を持つキルシュの学説を取り上げ、その基本的特徴を、グーテンベルク理論の批判的展開という流れの中で検討したい。しかしながら、彼の学説の射程は非常に多岐にわたるうえに、長い研究生活の中で大きく変化している。その変化を簡潔にまとめれば、「行動志向的意思決定論から始まり、応用管理理論を経て、進化的管理理論へと発展した」[3]といえる。このような発展は、私見では、基本的には前期の展開を基礎として後期の展開が図られているのだが、その主張内容には変化も見られる。

よってここでは、特に後期の「進化的マネジメント」に焦点を当てることで、キルシュ学説の基本的特質を描き出すことにしたい。まず第二節では、グーテンベルク理論の批判的継承という観点から、キルシュ学説登場の背景と初期キルシュ学説の特質を簡潔に考察する。続いて第三節で、キルシュの提唱する「進化的マネジメント」の基本的特質を検討し、最後に第四節でキルシュ学説を学説史的観点から評価したい。

第二節　キルシュ学説登場の問題状況

周知の通り、グーテンベルク理論は戦後直後の（西）ドイツにおいて、ミクロ経済学の知見を導入した生産志向的経営経済学をもって一大パラダイムを形成した。グーテンベルクは、『経営経済学原理』においてすでに、第四の生産要素として「処理的要素」を挙げるなど、企業の経営管理の側面に注目していたが、後年になると、サイモン（H. A. Simon）の意思決定論などアメリカ経営管理論の展開に影響を受け、さらに企業の管理的側面に注目するようになった。このようなグーテンベルクの問題関心の移動が、一九六〇年代後半以降のドイツ経営経済学に影響を与えたのであり、その一例がハイネンの意思決定志向的経営経済学だったのである。

しかしハイネンは、グーテンベルクの問題関心を受け継ぎつつも、隣接諸科学の知見の導入に積極的な立場を取り、経営経済学を明確に管理論ととらえた上で、経営経済学を「実践規範論」として、応用科学の立場を主張したのであり、この意味で彼はグーテンベルク理論を継承しつつ、これを批判的に乗り越えようとしていたといえる。そしてこのようなハイネンの主張が、キルシュの学説にも大きな影響を及ぼしている。

キルシュの研究履歴は、「意思決定」に関する研究からスタートしている。彼はハイネンが取り組んだ意思決定研究を深めるべく、全三巻からなる初期の代表作『意思決定過程』[4]において、サイモンやサイアート（R. M. Cyert）、マーチ（J. G. March）らのアメリカの行動科学の知見を参照して、意思決定行動の記述理論の獲得を目指し、個人および集団の意思決定プロセスやその意思決定前提、それに基づいた組織の制御プロセスを分析したのである。とりわけここで注目されるのは、意思決定に関する詳細な分析に基づいてなされた、組織における集団的意思決定プロセスの分析である。ここでは、意思決定論の知見に加えて、当時注目されていたシステム理論やサイバネティクスの知見を参照して組織の制御プロセスが分析されているが[5]、ここでの詳細な分析が、後の彼の「進化的マネジメント」をはじめとする一連の分析の基礎をなしているとともに、後で考察するように、主張の変化をもたらしたのである。

またキルシュはハイネンを受け継いで、経営経済学を明確に管理論ととらえ、応用科学としている。特に彼は自身の管理論を、「管理についての学問を基礎とした管理のための学問[6]」という独特な名称で表している。彼はクーン（T. Kuhn）に依拠して、さまざまな隣接諸科学が基本的に相互に共訳不可能な関係にあると考えつつ、管理論の観点から学際的に多数の諸学科を結びつけるために、図

図表 7-1　管理についての学問を基礎とした管理のための学問

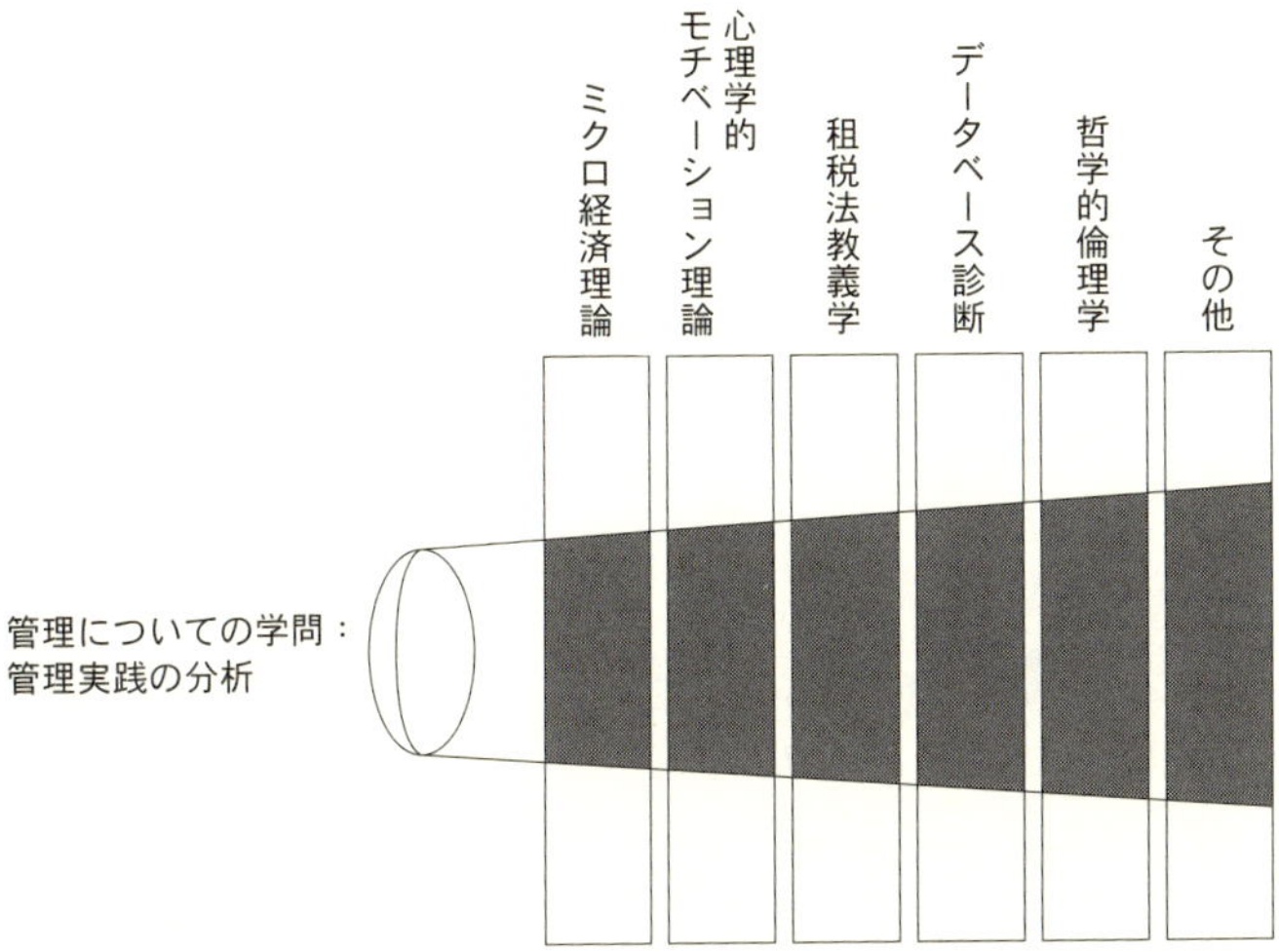

出所：Kirsch, W., *Die Führung von Unternehmen, Ausgewählte Studientexte*, München 2005, S. 266.

表7―1のように管理論の「サーチライト・モデル」を提唱する。

ここで「管理についての学問」とは、「管理」という現象に関するアプリオリな考えあるいは「前提理解」、あるいはさまざまな管理領域へ関心を向ける「認識観点」を表す。この管理についての学問が、管理現象を説明するために必要な隣接諸科学を照らし出すのであり、その照らし出された部分が「管理のための学問」となる。

このきわめて独創的な見解の背景には、従来の「認識対象」と「経験対象」の区別における認識対象重視のあり方への批判がある。[7]彼によれば、認識対象重視の経営経済学は認識を狭めるだけで多くの重要な管理問題を排除してしまう。よってキルシュは、「管理」という経験対象において生じる管理問題を経験対象そのものとしてとらえることのできる管理論を展開すべきだと主張する。
しかし何の観点もなしに管理問題を観察することはできない。よって彼は、「管理についての学問」を、経験対象ではあるが、管理問題の把握を可能にするための枠組みであり、他の経験対象より高い場所から他の隣接諸学科を見て重要な認識を照らし出す「サーチライト」の役割を果たすものととらえるのである。これは、「管理」という経験対象自体を指すものだが、キルシュはこれを認識対象として考えようとしているのである。よって彼の管理論は、認識観点である「管理についての学問」と、それによって集められた認識である「管理のための学問」から構成される、応用科学志向の管理論なのである(8)。

以上がキルシュ学説登場の問題状況だが、彼の初期の学説は、グーテンベルクやハイネンを受け継ぎつつ、学際的で応用科学的な管理論としての経営経済学の基礎づけを目指した点できわめて独創的だったが、初期の学説はもっぱらアメリカの行動科学的意思決定論の摂取や咀嚼に努め、それほど独創的な見解を示しているわけではない。またここでは、一般システム理論やサイバネティクスに影響を受けた制御志向の管理論が構築されていたが、このような特徴は、後に「進化的マネジメント」になって変貌を遂げることになる。次節で詳細に検討しよう。

第三節　応用管理論の進化論的展開：「進化的マネジメント」

キルシュは『意思決定プロセス』公刊後、リオーガニゼーション・プロセスなどの複雑な意思決定過程についての経験的研究や、企業政策、さらに戦略的マネジメントの領域へと進んでいった。その過程で彼は、隣接諸科学のさらなる進展を受けて、自らの理論を「進化的マネジメント」として発展させた。以下でその特質を詳細に検討したい。

一　「進化的マネジメント」

キルシュはまず、企業組織がそもそも「単純な」管理モデルによって制御するにはあまりにも複雑な社会システムであるととらえる。企業組織やそれをとりまく環境は「将来の未確定性」、即ち「進化」的な側面を持っているのであり、そのような複雑な社会システムである企業を管理するということは、「複雑な問題を処理すること」[9]だという。これは、彼のこれまでの意思決定論の取り組みからの帰結として、複雑な問題が最終的に満足いく形で解決されることはあり得ないという認識によるものだが、この複雑な問題を処理する際の基準となるのは、「組織の行為に直接、間接に関わる人々の欲求や利害の充足における進歩」[10]である。

キルシュによれば、企業組織の複雑性は関係者の「コンフリクト多元性ないし利害の多元性」の結果として生じる。関係者はそれぞれ独自のコンテクストを持ち、それらが共訳不可能であることから、企業組織の複雑性は「マルチ・コンテクスト問題」として生じる。[11] さまざまなコンテクストに属する関係者が出会う場所が「選択機会」あるいは「意思決定機会」であり、そこでは複雑な問題を「処理」するために、意思決定システムあるいは解決システムが形成される。ここでは、関係者の意思決定システムへの立ち入りに影響を与える「統御上位主体」の存在が想定されているが、これは管理（者）を意味するものである。

キルシュによれば、複雑なマルチ・コンテクスト問題に対処するためには、管理による解決システムもまた複雑でなければならない。即ち、関係者の多様なコンテクストを無視して、管理が強引に意思決定を下すための単純な解決システムを作るのではなく、多様なコンテクストを把握、理解でき、なおかつ一つの意思決定を下すことができるような解決システムを作る必要がある。[12] そしてこれを実現させるための組織モデルとして彼が提示するのが、「進歩能力のある組織[13]」である。

進歩能力のある組織とは、「関係者の欲求充足に関する進歩を達成することができる[14]」組織のことである。つまり、進歩能力のある組織においてはさまざまな関係者の要求や欲求が考慮され、できるだけ多くの効用が彼らにもたらされるのであり、キルシュはそこに組織の進化を見るのである。[15]

キルシュによれば、そのような進歩能力のある組織は行為能力、感受性、学習能力という三つの能力をもつ。

まず「行為能力」とは、「そもそも意思決定を行えること」、そして「意思決定の結論を影響を受ける人々に貫徹できること」[16]を意味する概念であり、「企業に外部から特定の活動の責任を負わせ、その限りで『コーポレート・アクター』として現れるとき」[17]、企業は行為能力があるという。そして、行為能力を発揮すべく管理が意思決定を行い、それを関係者に受け入れさせるためには、組織にとって重要な関係者の欲求を組織の行為の中で考慮できる能力が必要である。キルシュはこの能力を「感受性」と呼んでいる。感受性とは関係者の欲求をとらえる能力のことであり、そこでは、関係者が属するコンテクストが多様であることを前提としなければならない。

そして「学習能力」は、問題をよりよく解決できるための知識、即ち組織の「知識ベース」を獲得できる組織の能力を表す。組織の知識ベースとは意思決定プロセスに関与する人が接近できる知識のことであり、そこではさまざまな関係者の欲求間にある矛盾をシンボル化するような知識処理プロセスや知識獲得の可能性が問題となる。キルシュによれば、学習能力はそのような知識ベースを発展させるための組織学習を可能とする。

ここで示された諸能力はいずれも、組織がさまざまな関係者の欲求に対応することに関連するが[18]、そのことから見れば、彼らのいう「進歩」とは、これら三つの能力を持つ企業組織が企業に関わるさまざまな人々の価値を充足するとき、つまり「関係者のための価値上昇」[19]を成し遂げるときに達成されるものだと解することができるだろう[20]。

さらにキルシュによれば、この進歩能力のある組織においては、「合理性」に関する新しい見方が付け加えられなければならない。ここでキルシュはハーバマス（J. Habermas）の理論を参照し[21]、従来の西洋合理主義に基づく目的合理性のみでなく、理性的な主体間のコミュニケーションからなる「生活世界」において妥当する「コミュニケーション合理性」をも考慮しなければならないとする。ハーバマスによれば、近代世界は認知的—道具的合理性（kognitiv-instrumentelle Rationalität）を体現する客観的世界のみならず、道徳的—実践的合理性（moralisch-praktische Rationalität）を体現する社会的世界、美的—実践的合理性（ästhetisch-praktische Rationalität）を体現する主観的世界からなるが、[22]キルシュはこれらの合理性概念を「進歩能力のある組織」に取り入れる。例えば、企業組織は認知的—道具的合理性に基づいて客観的で合理的な計画を推し進めるという側面を持つとともに、そのような合理性ではとらえられない、道徳性、規範性や美的側面の問題について、道徳的—実践的合理性や美的—実践的合理性を駆使して、企業内外のさまざまな関係者の欲求をくみ取ることができるというのである。

このような組織の「能力」に対する考察は、近年企業において注目されている「知識」あるいは組織固有の「資源」と関連するだろう。企業組織は、環境における複雑性、不確実性に対応すべく、組織独自の知識、資源、あるいは文化などを作り上げる。キルシュの考察は、「生活世界」といった組織の主観的、解釈的側面をもとらえようとすることで、組織独自の知識や資源が「議論によって学習する」[23]ことを通して作られていき、関係者の欲求充足における進歩を果たすことを明らかにしたと言える。

二　企業組織の「意味モデルの進展」

さらにキルシュは、進歩能力のある組織のコンセプトとハーバマスの合理性の議論を、組織の発展モデルに関する考察の中に包含しようとする。即ち、企業組織を「進化能力のあるシステム」として定式化し、その進化を特殊な「意味モデル」の「進展」として特徴づける試みである[24]。意味モデルとは、「組織の世界像」であり、「それぞれの組織の『意味や目的』はそもそも何なのかについて、企業の中にどのようなイメージが存在するかを再現する[25]」ものであり、「組織の意味や機能について情報を与えるもの[26]」である。キルシュは意味モデルについて、「道具モデル」から「生存モデル」、そして「進歩モデル」への「進展」を考える（図表7－2を参照）。道具モデルにおいては、例えば利潤極大化

図表 7-2　組織の進展

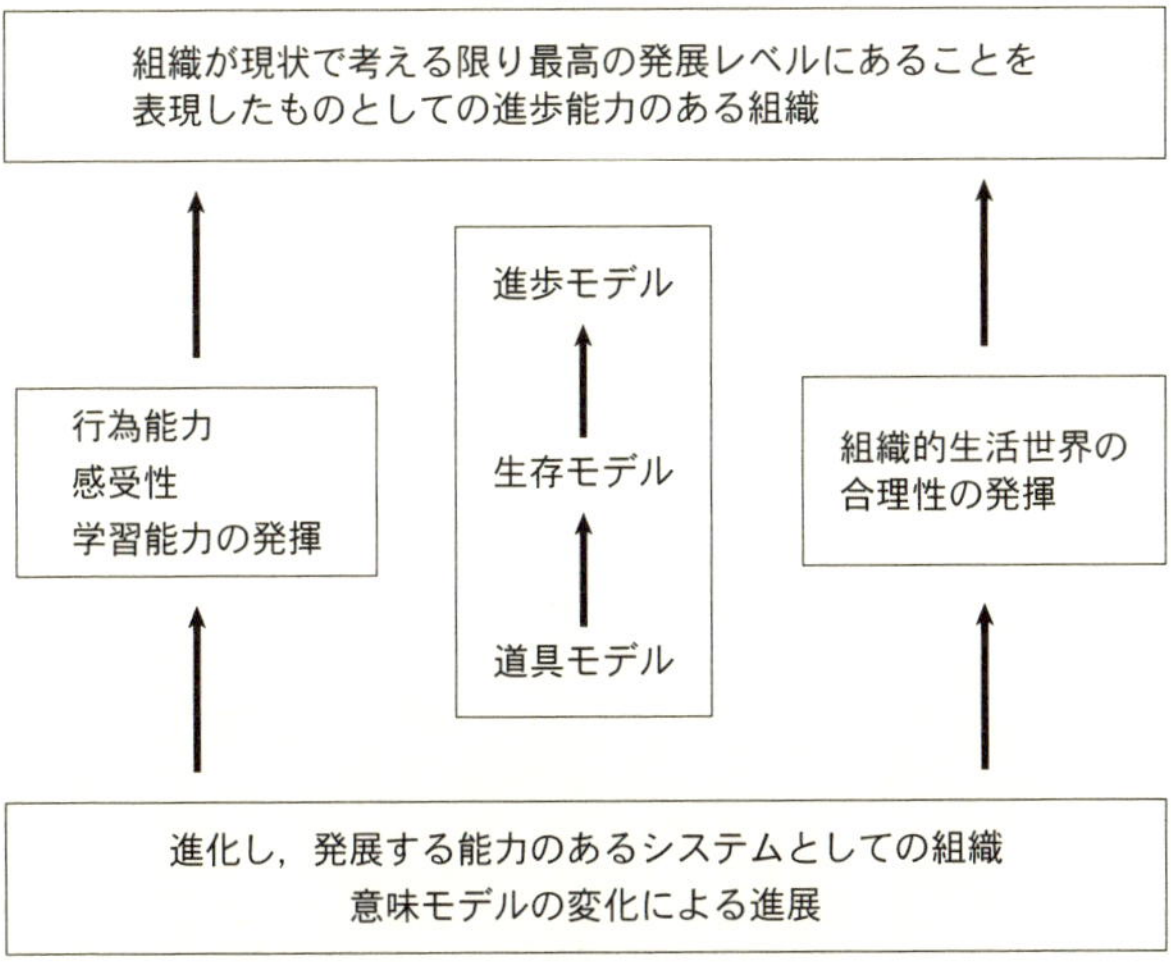

出所：Kirsch, W./Seidl, D./v. Aaken, D., *Evolutionäre Organisationstheorie*, Stuttgart 2010, S. 77.

のような、企業組織において設定された目標の達成が重要となる。それに対し生存モデルにおいては、環境における企業の延命が重要となり、環境に対する開放性や環境コントロールなどが問題となる[27]。

それに対して進歩モデルでは、利潤極大化目標や生き残りの問題だけでなく、「企業に直接、間接に関わる人々の欲求や利害の充足における進歩」が重要となる。そして、この進歩モデルを体現する、反事実的な理想像としての組織モデルが、先に見た進歩能力のある組織である[28]。

このようにして、進歩能力のある組織を頂点とした意味モデルの進展の中に、キルシュは「進化し、発展する能力のあるシステム」としての企業組織を描き出す。ここでは、三つの進歩モデルのいずれにおいても、「進歩能力のある組織」のコンセプトで提示された三つの能力があるとされている。しかし、進歩モデルになってはじめて、ハーバマスの三つの合理性が加わり、さらにそれらが循環的に関係することで、関係者の欲求充足における進歩を達成できるとされている[29]。この意味で、意味モデルの進展は、「組織の生活世界の合理化」と関わるものである。つまりここでは、利潤最大化や組織の生き残りといったこと自体が自明ではなく、それ自体が組織内での道徳的議論の対象となるため、組織内のメンバーの生活世界に関する分析が不可欠なのである[30]。

三　進化的マネジメントにおける管理のあり方

以上のキルシュの議論に基づけば、管理者は、従来の西洋合理主義的な普遍原理に従って、上から押しつける形での強引な管理ではなく、関係者の意味的な生活世界を考慮できるように、「誠実さ」や「信頼性」の態度でもって決定を下さなければならない。そのような管理のための基準は、管理行為に先だって示すことのできるものではなく、いわば後付け的に示されるものである。キルシュはこのことを、ヤンチ（E. Jantsch）やハーバマスによる「偶然的合理性」という概念を用いて表しているが、[31]これによれば、管理者はつねに自らの行為を反省し、つねに他のコンテクストへ関心を持ち続けながら、誠実さや信頼性、さらに時には美的な基準に従って意思決定を下さなければならないとされる。ここでは、意思決定はつねに前もって合理的だと判断されるわけではなく、時には後付け的に合理的とされることもあるため、意思決定者の直観的知識なども有効だとされている。

このような管理者の態度を、キルシュは「穏健な主意主義（gemäßigter Voluntarismus）」と称して、彼の「管理哲学（Führungsphilosophie）」に据えている。[32]これは、「厳格な主意主義（strikter Voluntarismus）」、即ち自分の見方が絶対であると考え、他の見方があることを考慮しようとしない態度の反対概念であり、計画がつねに不確実であり、完全な制御が不可能であることを意識して計画を実行する、また自身が自律的な主体であるとともに、他の人と共有しあう生活世界に生きていることを自覚する態度を意味する。つまり穏健な主意主義とは、完全に主意主義的な管理が不可能であることを意識しつつも、限定された範囲で意図的・主体的に管理活動を行うことを示しているのである。このような「穏健な主意主義」の考え方は、社会現象には人間の意図や計画に反した事象が起こるという「進化」的側面を認めつつ、主体的に意図を持って「計画」を立て、実行していくことで、

組織は漸次的に進化していくという、「計画された進化」とキルシュが呼ぶ管理哲学とも結びついている。(33)

このような考え方は、グーテンベルク理論に代表されるような、決定論的科学観に対する批判が背景にあるだろう。企業組織やそれを取り巻く環境は、あらかじめ正確に予測できるものではなく、複雑で不確実であり、つねに変化するものである。キルシュはこのことを「将来が未確定であること」(34)というキーワードで表し、自身の管理論のいわば出発点と見なしているが、しかし彼の理論の特徴は、そのような進化的側面をすべて受け入れるわけではなく、管理による介入の余地を認めている点にある。この意味で、彼の議論は決定論的科学観を完全に捨てるのではなく、非決定論的側面とそれとの折衷をはかっていると言えよう。(35)

第四節　おわりに——キルシュ学説の学説史的検討——

以上、キルシュの「進化的マネジメント」の基本的主張を検討した。最後に以上の考察を踏まえて、グーテンベルク学説との関連においてキルシュ学説の特質を際立たせたい。

まずキルシュの学説は、グーテンベルク後期の意思決定志向を受け継ぎつつも、管理論志向、学際性志向、応用科学志向をとる点で見解の相違が見られた。しかしキルシュのとりわけ初期の学説についてみれば、アメリカの行動科学に依拠して、経験科学的な枠内で経営経済学を構築しようとしていたと言え、その点ではグーテンベルク理論から逸脱しているわけではない。しかしながら、後の「進化的マネジメント」において、そのような方向性に変化が見られるようになる。

前節において明らかにされたように、彼の「進化的マネジメント」は、企業組織に関わるさまざまな関係者の欲求充足を基準としており、関係者の欲求を企業の意思決定に取り込むことが重要だとされる。そこでキルシュは、サイモンが心理学的な研究に向かっていったのとは対照的に、広範な社会科学理論の検討に進んでいった。とりわけハーバマス理論の「生活世界」概念の検討に典型的なように、彼は企業組織という、人間の集団的関係における意思決定の問題を、「多様なコンテクスト間の共訳不可能性」という観点からとらえようとし、それを主観的、理解的、解釈的な観点から解明する方向に転換していったと言えよう。企業の関係者はさまざまな利害を持ち、それぞれのコンテクストを背景として行動している。従来の説明志向の客観主義的な管理論では、このような多コンテクスト状況を捉えることができないのであり、キルシュはこのことから、ハーバマスの理論のような、解釈的、理解的、主観的な議論を管理論の中に取り入れていったのである。また、初期学説における制御志向についても、進化的マネジメントにおいては「穏健な主意主義」に典型的なように、多コンテクストを理解しながら管理するという穏健な考えに緩和されており、グーテンベルク理論における企業者一元的な管理理解からの変化がみられる。

とりわけキルシュは近年、関係者をそれぞれ独自のコンテクストから社会を観察する「観察者」ととらえ、観察が社会的現実を構成しているという「構成主義」の立場に接近し、客観主義的な「外部パースペクティブ」からのみではなく、関係者自身の観察をとらえる「内部パースペクティブ」からも組織を考察する必要があると主張している。そしてそのような立場による「意味モデル」の考察は、近年、組織の「知識」や「組織能力」に関する考察、即ち彼の言葉を用いれば、「知識の生態学」に関する考察へと進化している。[36]

キルシュのこのような主張の変化は、ドイツの社会経済状況との関連で考えれば、一九六〇年代後半の西ドイツ経済の不況局面とそれ以降の利害多元的経営への要求の高まりに関連するであろう。企業者利害のみを追求するグーテンベルク理論は、ドイツ経済の発展局面では有効だったが、不況局面に至ると批判を受けることとなり、ハイネンらの多様なアプローチが登場した。キルシュの学説も、「関係者の欲求充足」に焦点を当てる点で、利害多元的な要求に応えようとしているともいえる。

また方法論的に見れば、このようなキルシュの研究展開は、初期の経験科学的な枠組みを超え、規範的経営経済学へと踏み込んでいるとさえ思われる。[37]というのも、彼の「進歩能力のある組織」は、経験的にテスト可能な理論ではなく、反事実的な理想モデルとして提示されているからである。[38]彼によれば、企業組織の「意味モデル」は「道具モデル」「生存モデル」を経て、「進歩モデル」に発展していくのだが、これは実証的に検証できるものではなく、企業が進化すべき「規範的」組織像なのであり、目指すべきポイントである。このような主張は、初期の議論と比べると規範主義的な方向へ向かっているといえる。キルシュの師であるハイネンは「グーテンベルクとニックリッシュのジンテーゼ」を目指したが、その弟子であるキルシュの近年の研究展開は、よりニックリッシュ的側面が強まっていると言えるだろう。ただし、キルシュの理論展開は、例えば「穏健な主意主義」や「計画された進化」の発想、あるいは「外部パースペクティブ」と「内部パースペクティブ」の区別に見られるように、従来の制御的な側面と進化的側面との折衷、あるいは従来の客観主義的な方法論と主観主義、解釈主義的な方法論との折衷を図ろうとしていると見ることができ、その意味で、グーテンベルク理論の考え方をすべて捨て去っているわけではないとも言え、ハイネンのいうジンテーゼを忠実に継承しているとも言えるだろう。

（柴田　明）

注

（1）キルシュはアウグスブルク生まれで、ベルリン自由大学、ケルン大学、ミュンヘン大学で経営経済学を学んだのち、ハイネンの講座の助手となった。一九六四年に財政学博士（Dr. oec. Publ.）、一九六八年にミュンヘン大学から教授資格を取得した後、一九六九年から一九七五年までマンハイム大学で交通経営学、後に経営経済学と組織担当の教授を務め、一九七五年から二〇〇六年までミュンヘン大学教授を努めた。キルシュの略歴については、ミュンヘン大学のキルシュのウェブサイト（http://www.zfog.bwl.uni-muenchen.de/personen/professors/kirsch/index.html）（最終アクセス二〇一三年三月二五日）、ならびに渡辺敏雄『管理論の基本的構造―論理・観点・体系―［改訂版］』税務経理協会、二〇〇〇年、三八頁を参照。

（2）日本におけるキルシュ学説の研究としては、たとえば渡辺、前掲書、加治敏雄『戦略的企業管理論の構想―ドイツ学説の研究―』中央大学出版部、一九九九年、第六章、一六五―二五三頁。宮城徹『企業の政治理論序説』税務経理協会、一九八三年などがある。

（3）加治、前掲書、一六五頁。

（4） Kirsch, W., *Entscheidungsprozesse, Band I: Verhaltenswissenschaftliche Ansätze der Entscheidungstheorie*, Wiesbaden 1970. Kirsch, W., *Entscheidungsprozesse, Band II: Informationsverarbeitungstheorie des Entscheidungsverhaltens*, Wiesbaden 1971. Kirsch, W., *Entscheidungsprozesse, Band III: Entscheidungen in Organisation*, Wiesbaden 1971.

（5） ハイネンと同様に、キルシュもまた、当時ザンクト・ガレン大学で隆盛しつつあったシステム志向的経営経済学と早くから連携しており、システム理論やサイバネティクスの有用性を認め、積極的に導入していた。例えば Kirsch, W., Die entscheidungs- und systemorientierte Betriebswirtschaftslehre. Wissenschaftsprogramm, Grundkonzeption, Wertfreiheit und Parteilichkeit, in: Dlugos, G./Eberlein, G./Steinmann, H. (Hrsg.), *Wissenschaftstheorie und Betriebswirtschaftslehre. Eine methodologische Kontroverse*, Düsseldorf 1972, S. 153-184 を参照。

（6） Kirsch, W., Zur Konzeption der Betriebswirtschaftslehre als Führungslehre, in: Wunderer, R. (Hrsg.), *Betriebswirtschaftslehre als Management- und Führungslehre*, Stuttgart 1985, S. 36. を参照。

（7） 以下については、渡辺、前掲書、一六頁以下を参照。

（8） キルシュのサーチライト・モデルについては、渡辺、前掲書、第一章で詳細に検討されている。

（9） Kirsch, W., *Wissenschaftliche Unternehmensführung oder Freiheit vor der Wissenschaft?* München 1984, S. 308.

（10） Kirsch, W./Seidl, D./van Aaken, D., *Unternehmensführung. Eine evolutionäre Perspektive*, Stuttgart 2009, S. 288.

（11） Kirsch, W., *Kommunikatives Handeln, Autopoiese, Rationalität. Kritische Aneignungen im Hinblick auf eine evolutionären Führungslehre*, 2., überarbeitete und erweiterte Auflage, München 1997, S. 8.

（12） 仮に解決システムにおいて関係者の数を少なくする、あるいは管理だけで意思決定をする状況を考えれば、確かに意思決定が実現する可能性は大きくなる。しかし、それに反する利害を持つ人や意思決定プロセスに参加しない関係者が意思決定を妨げる可能性がある。しかしだからといって関係者の数を闇雲に増やせば問題がより複雑になり、意思決定を下すこと自体が困難になる。このように意思決定に際しては一種のジレンマが想定されるのである。

(13) 進歩能力のある組織のコンセプトについては、例えばKirsch, W., Die Idee der fortschrittsfähigen Organisation. Über einige Grundlagenprobleme der Betriebswirtschaftslehre, in: Wunderer, R. (Hrsg.), *Humane Personal- und Organisationsentwicklung, Festschrift für Guido Fischer zu seinem 80. Geburtstag*, Berlin 1979, S. 3-24. 渡辺、前掲書、一五七―一二五六頁、加治、前掲書、一九九―二二一頁などを参照。

(14) Kirsch, W., Evolutionäres Management und okzidentaler Rationalismus, in: Probst, G. J. B./Siegwart, H. (Hrsg.), *Integriertes Management. Bausteine des systemorientierten Managements*, Bern/Stuttgart 1985, S. 347.

(15) しかし関係者の利害や欲求は所与のものとしてとらえられるのではなく、それ自体が組織の議論の対象となる。Kirsch/Seidl/v. Aaken, *Unternehmensführung*, S. 288.

(16) 渡辺、前掲書、九八頁。

(17) Knyphausen, D. z., *Unternehmungen als evolutionsfähige Systeme–Überlegungen zu einem evolutionären Konzept für die Organisationstheorie*, München 1988, S. 43.

(18) これら三つの能力は、進化論の観点から見れば次のように表すことができる。即ち行為能力は、進化のメカニズムが持つ、突然変異、選択と保持という三つの局面がすべて貫徹されうることを表したものであり、学習能力と感受性は、外部の選択基準を内部化しうる能力を表したものである。Ringlstetter, M., *Auf der Weg zu einem evolutionären Management. Konvergierende Tendenzen in der deutschsprachigen Führungs- bzw. Managementlehre*, München 1988, S. 210を参照。

(19) Ringlstetter, *a. a. O.*, S. 107.

(20) しかしクニュプハウゼンは、ここで示されたコンセプトにおいて「進歩」の概念を内容的に規定することはほとんど不可能であるとしている。Knyphausen, *a. a. O.*, S. 41を参照。むしろ、「進歩」が関係者の欲求充足に関係するという規定はヒューリスティックとして用いられているといえる。

(21) 以下の議論については、Kirsch, *Evolutionäres Management*, S. 333-341. またHabermas, J., *Theorie des kommunikativen Handelns*, Bd. 1-2, Frankfurt/Main 1981.（河上倫逸ほか訳『コミュニケイション的行為の理論

（上）／（中）／（下）』未来社、一九八五－一九八七年）を参照。

（22）Kirsch, *Evolutionäres Management*, S. 337 ff.; Habermas, *a. a. O.*, 邦訳三二四頁以下を参照。ハーバマスは、どんなコミュニケーション的表明にも妥当性要求が掲げられるとし、客観的世界に関しては真理ないし有効性という妥当性要求が、社会的世界に関しては（規範的な）正当性の妥当性要求が、そして主観的世界に関しては誠実さ（Wahrhaftigkeit）の妥当性要求が掲げられるとした。真理ないし有効性の妥当性要求に携わるのが理論的討議であり、規範的正当性の妥当性要求に携わるのが実践的討議、そして誠実さの妥当性要求に関わるのが、治療法的批判ないし美的批判である。Habermas, *a. a. O.*, 邦訳四二頁以下を参照。

（23）Kirsch/Seidl/v. Aaken, *Unternehmensführung*, S. 285.

（24）Kirsch, *Kommunikatives Handeln*, S. 16 ff.; Kirsch, W., *Die Führung von Unternehmen*, *Ausgewählte Studientexte*, München 2005, S. 402 ff.; Knyphausen, *a. a. O.*, S. 49 ff. を参照。

（25）Kirsch/Seidl/v. Aaken, *Unternehmensführung*, S. 287.

（26）Knyphausen, *a. a. O.*, S. 49.

（27）生存モデルについては、キルシュは例えばバーナード（C. I. Barnard）やトンプソン（J. D. Thompson）、ミンツバーグ（H. Mintzberg）のモデルを例としてあげている。Kirsch/Seidl/v. Aaken, *Unternehmensführung*, S. 286 を参照。

（28）キルシュはこの三つの意味モデルのそれぞれの間に、移行モデル（Übergangsmodell）を想定している。道具モデルと生存モデルの間にある移行モデルが「連合モデル（Koalitionsmodell）」であり、生存モデルと進歩モデルの間にある移行モデルが「制度モデル（Institutionsmodell）」である。これについて詳しくは Kirsch, *Kommunikatives Handeln*, S. 17 を参照。

（29）これについては、Knyphausen, *a. a. O.*, S. 50 の図が参考になる。

（30）バーナードのような組織均衡論との違いは、組織均衡論が組織の「安定」を目指しているのに対し、キルシュの議論はむしろ、それぞれの関係者が満足しつつ組織が発展するという、組織の不安定にも導きうるような、動態的な発展を目指している点にあるといえる。例えば Kirsch, *Wissenschaftliche Unternehmensführung*, S. 863-892 を参照。

(31) Kirsch, *Evolutionäres Management*, S. 344 ff.; Kirsch, W./Seidl, D./van Aaken, D., *Evolutionäre Organisationstheorie*, Stuttgart 2010, S. 112 ff. を参照。

(32) Kirsch, *Kommunikatives Handeln*, S. 34; Kirsch, *Die Führung von Unternehmen*, S. 422 ff.; Ringlstetter, *a. a. O.*, S. 57 ff. を参照。この考え方は、従来の伝統的な管理論においてとられてきた二つの（極端な）想定、即ち主意主義（Voluntarismus）と集合主義（Kollektivismus）の間の中間的な立場を表している。主意主義は、原則的にすべてのことが人間の意図通りに進むということを意味する。反対に集合主義は、人間による意図的な変更の試みが不可能であり、すべてが成り行き通りに進むということを意味する。穏健な主意主義は、この二つの見方の妥協だということができる。

(33) これについては例えば Kirsch/Seidl/v. Aaken, *Evolutionäre Organisationstheorie*, S. 88 を参照。

(34) Kirsch/Seidl/v. Aaken, *Evolutionäre Organisationstheorie*, S. 1.

(35) この点で、キルシュの進化的マネジメント論は、例えばザンクト・ガレン学派のシステム志向的マネジメント論のような、個人の意図的行為よりもシステムの集合的、動態的変動を重視する集団主義的なアプローチとは一線を画することを意味するだろう。これについては例えば、柴田明「ドイツ経営管理論におけるシステム・アプローチの展開―ザンクト・ガレン学派とミュンヘン学派の議論から―」経営学史学会編『経営学の展開と組織概念』文眞堂、一七四―一八四頁を参照。

(36) 以上の点については、Kirsch/Seidl/v. Aaken, *Evolutionäre Organisationstheorie*, S. 7 ff. を参照。

(37) 詳細については、柴田明「進化的マネジメント論の再検討―ドイツ語圏経営経済学におけるミュンヘン・アプローチの見解を中心として―」『三田商学研究』（慶應義塾大学）第五一巻第四号、二〇〇八年、二八三頁以下を参照。

(38) 進歩能力のある組織のコンセプトは「反事実的な性質を持つ」特殊な「管理モデル」だとされている。Kirsch, W./Esser, W. M./Gabele, E., *Das Management des geplanten Wandels von Organisation*, Stuttgart 1979, S. 129 f.

第八章　グーテンベルク学派の新制度派経済学に基づく組織論

第一節　はじめに

ドイツ経営経済学における多数派であるグーテンベルクの衣鉢を継ぐ研究者たちと意思決定論的アプローチのハイネン（E. Heinen）の後継者であるピコー（A. Picot）は、一九八〇年代以降、特に組織論において、米国における新制度派経済学の研究と並行して研究を進めた[1]。その結果、ドイツ経営経済学における組織研究は、コース（R. Coase）、ノース（D. North）、ウイリアムソン（O. E. Williamson）などの主張する英語圏における新制度派経済学に端を発する「組織の経済学」の影響を強く受けることになった[2]。

よく知られているように、経営経済学においては、ミクロ経済学の成果を取り入れたグーテンベルクが第二次世界大戦後の経営経済学研究において大きな地歩を築いたことから、新古典派経済学と同じ方法論を採用し、英米的にいえば、マネジリアル・エコノミクスとして分類される研究が、大きな潮流となっていた[3]。この潮流に属する研究者たちが「組織の経済学」に関心を持ったことは不思議ではないだろう。

例えば、すでに一九八〇年代に、グーテンベルクの直接の弟子の中でもっとも代表的な研究者であるアルバッハ（H. Albach）は、「取引費用の経済学によってはじめてミクロ経済理論においても組織の分析が行われるようになった」と指摘し、このアプローチをグーテンベルクの研究と比較し、経営経済学にも「取引費用」の概念を取り入れるべきであるとしている。[4] さらに財務論の分野ではハックス（H. Hax）[5] が、マーケティングの分野でカース（K. P. Kaas）が取引費用の経済学を取り入れている。またピコーは、すでに一九八二年に新制度派経済学の紹介論文を書き、経営経済学におけるこのアプローチの代表的研究者となっている。[6] 元来グーテンベルクの経営経済学が、企業現象を個人の意思決定に還元し、決定論的モデルを組み立てるという方法論的個人主義を採用している点で方法論的にミクロ経済学に近いことから、グーテンベルクの後継者たちは、押しなべて新制度派経済学に好意的であったといえるだろう。

本章では、まず第二節において批判的合理主義[7]、科学的研究プログラムの方法論[8]に基づく本章での学説分析のフレイムワークを述べる。[9] 次に第三節において、一九八〇年代以降に経営経済学に新制度派経済学を導入し、経営経済学の個々の伝統的な問題に適用した研究、第四節において、新制度派経済学を経営経済学と理論的な構想のレベルで比較した研究、第五節において一九九〇年代から今日の二〇一〇年代に至るまでドイツ経営経済学において最も新制度派経済学の影響を受け、代表的な存在となっているピコーとその後継者の研究を取り上げ、検討を加えている。

第二節　学説分析のフレイムワーク

ラカトシュ（I. Lakatos）の研究プログラムの方法論によると、一つの「いわゆる学説」は、研究プログラムと呼ばれるが、それはその中心にあってプログラム全体を方向づけ、また経験的なテストに服さないハードコアと個々の現象を説明する防御帯における説明モデルとからなる。説明モデルは垂直統合や契約形態など個々の現象を説明するモデルであるが、根底には（理論的構想に属する）行為者の心理的特性、認知傾向、そして行為者の環境についての仮定を持つ。ハードコアには、限定合理性や機会主義など説明モデルが根底に持つ仮定（理論的構想）と方法論的個人主義などさらに根底にある哲学に属する前提（形而上学的前提）がある。(10)

グーテンベルクおよびピコーらの組織観の根底にある最大の方法論的・形而上学的前提は、方法論的個人主義であろう。方法論的個人主義とは、組織現象など社会現象を説明するためには、その現象が個人の意思決定の結果として引き起こされたと前提してモデルを組み立てることを要求する考え方である。同時に言及すべきは、還元的アプローチを採用せよという要請だろう。還元的方法とは、その行為なり現象が、現れたことが、必然的な結果となるようなモデルを要素に分解して組み立てよ、という要請であるともいえる。例えば、新制度派経済学における取引費用の経済学の形而上学的前提、理論的構想と説明モデルは、図表8—1のように描かれる。

図表 8-1　研究プログラムとしての取引費用の経済学の理論構造[11]

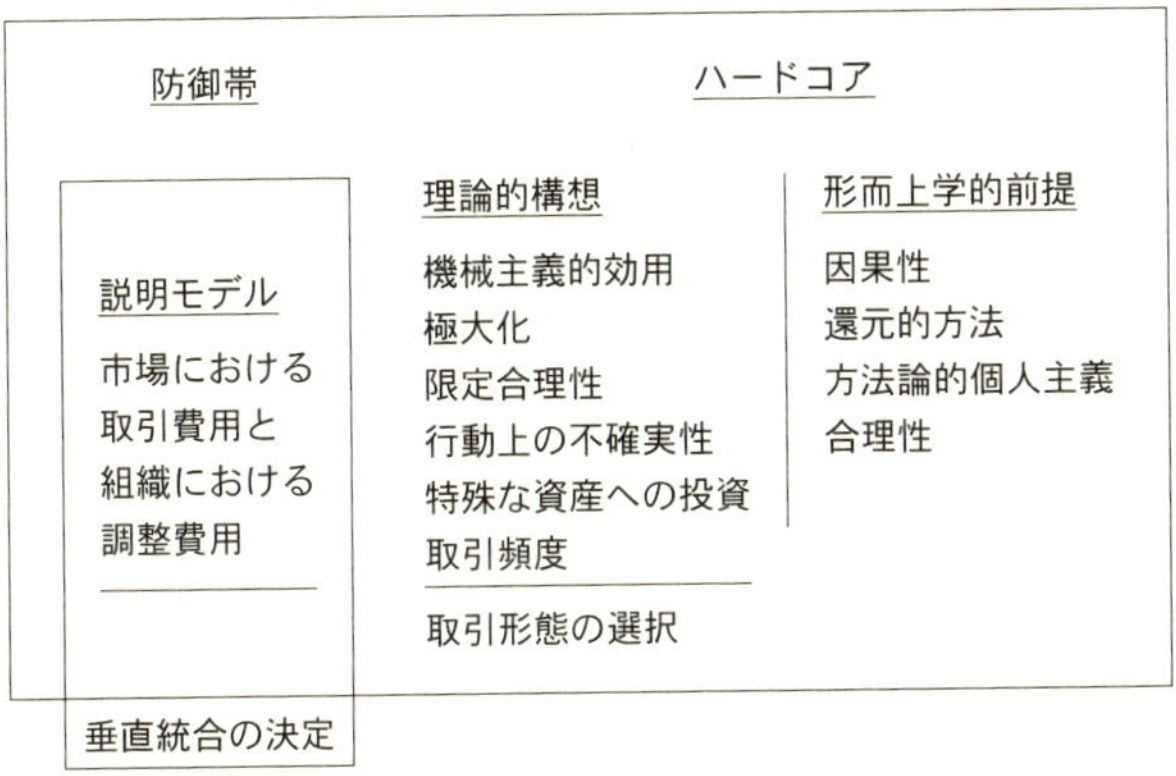

経営経済学への取引費用の経済学の導入をめぐる展開にあっても、諸論考には、やはりこのような構造に沿ったテーマが識別される。以下においては、ハイネンの潮流を含む広義のグーテンベルク学派との関係に主軸を置き、防御帯のレベルに属すると思われる説明モデルの展開はどうであったか、また理論的構想のレベルにかかわる論争はどうであったかを中心として検討しよう。形而上学的前提のレベルにいたる議論については、紙幅の制約のためここでは扱わないが、丹沢の論文[12]において詳しく検討している。

第三節　導入時期：アルバッハ、イーデ、ピコー

まず取引費用の経済学の導入期における代表的研究を取り上げてみよう。即ち、グーテンベルクの衣鉢を継いだアルバッハの論文[13]、同じくグーテンベルクの高弟であるリュッケ (W. Lücke) の弟子であるイーデ (G. Ihde) の論文[14]、そして、ハイネンの衣鉢を継いだピコー他の論文[15]である。これら

の研究は、取引費用の経済学など新制度派経済学のアプローチが経営経済的な領域においてどのような説明力を有するかを検討している。図表8―1における「防御帯」に属するものであり、経営経済的における伝統的な問題群との関係を論じている。

一 アルバッハによる製造原価計算（Produktionskostenrechnung）への取引費用の組込み

グーテンベルク学派の後継者の中でも常に筆頭にあげられるアルバッハは、一九八一年の導入論文[16]において、経営経済学においては、新制度派経済学において「Make or Buy」の問題として表現される「企業の発生」の問題を説明するさいには、「取引費用」というコンセプトよりも、むしろ「規模の経済」のコンセプトを用いて説明しようとする態度が強かったと指摘する。しかし興味深いことに、一九八七年の論文[17]においては取引費用の経済学をミクロ経済学的な組織分析としてとらえ、一九八八年の論文[18]においてはさらに大胆にこのアプローチの自分の立場への包摂を試みている。即ち、「グーテンベルクは正当にも、経営経済学においては、何が製造原価を引き起こすのかという問いを発見することが、経営経済学を自立させたと言ったが、私は今日の発展を考えて、二つの要因を足したい。一つは、もはや見えざる手は機能しておらず、外部効果を経営計算制度に組み込まねば誤った意思決定をもたらすこと、そして（二つは）この一〇年間にドラスティックに重要性を増した取引費用である。[19]」

即ち伝統的な経営計算制度にあっては、調達市場も販売市場も新古典派経済学の意味で「完全」であると考えられ、収益を上げるためには生産性を改善する以外に方法はないと考えられていた。即ち、計画原価計算がこれを実現するものだった。言い換えると、伝統的な製造原価計算が企業を運営していくうえで妥当な情報を提供していると考えられるためには、調達は短期的で、生産物は同質的であり、販売市場は匿名的で、取引は頻繁に行われ、標準化されていなければならないことになる。[20]

この点で取引費用の経済学の構想を導入する。例えば、今日では賃金を費用としてだけ見るのではなく、賃金協定（Tarifabschlusse）によって決定されることを考えれば、その所得効果をも考慮に入れねばならない。また現実には匿名の販売市場で同質的な製品が売られているのではなく、製造物責任を考慮しなければならない市場が増えている。利用者に危害を加えることは一つの外部効果であり、この可能性を取り入れない計算制度は企業を運営するうえで誤った情報をもたらすことになる。

さらに今日の企業の競争力の決定要因は、生産性や技術力にばかりあるのではなく、市場におけるポジショニングにも見出される。これまでの「市場形態、買い手との関係、競争戦略の相違」を考慮に入れた経営計算制度は、伝統的な経営経済学にはまったく存在していないという。[21] かれは「新古典的な取引」と表示しているが、例えば、適切なパートナーの探索費用、法的助言などの交渉費用、スタッフによる準備のような意思決定費用、契約の順守を監視するコントロール費用などの販売の取引費用、さらには研究開発費、その取引に特殊な製造設備の費用（埋没費用）などを例として挙げ、取引費用の経済学が用意するコンセプトを導入しなければならないとする。[22]

また組織内においても、長期的な取引はモラルハザードなど機会主義的な行動の余地をもたらし、機会主義者は情報の偏在を利用して自己の利益を追及する。継続的な納入関係から経営内的な組織関係に移行しても、つまり垂直統合を実行しても、今度は階層組織内で職務構造／情報構造／動機構造をめぐる不確実性から生ずる「調整費用」が存在する。伝統的な経営計算制度は、取引費用に属する探索／情報費用、意思決定費用／コンフリクト費用のような調整費用を考慮していなかったために、組織デザインのより所となる情報の提供に失敗しているのだ[23]。かれはまた調整費用を識別して、企業が規模の成長とともに職能別組織から事業部制組織へと移行する場合がより高い資本収益を得ていることの実証研究を紹介している[24]。

結局かれは、計算制度の中に①外部効果、②市場における取引費用、③組織内の調整費用を考慮した計算制度の必要性を唱えていると言えよう。ウイリアムソンの取引費用の経済学、つまり組織の失敗のフレイムワークでは、市場の失敗がもたらす取引費用と階層組織の失敗がもたらす調整費用とは、どちらも失敗を克服するための費用として取引費用と呼ばれていたので、かれの試みには（ちょっとした用語上の混乱が見られるとはいえ）もっぱら新古典派的仮定に依拠し、生産性を志向するグーテンベルクのフレイムワークを出ようとしていることが窺われる。アルバッハ自身、かれの論文をこう締めくくっている。「明らかにすべきことは多い。さあ取り掛かろうではないか」と[25]。

二　イーデによる「経営深度」の決定要因としての取引費用

グーテンベルクの高弟であるリュッケのさらに後継者の一人であるイーデによる「経営深度

（Beriebsstiefe）」の概念はあまりよく定義されたものではないが、グーテンベルク、シェーファーの検討に従うと、付加価値プロセスの段階性という概念によって言い換えられる生産深度の概念に近いものである。[26]それはまたコース／ウイリアムソンの「企業境界の決定理論」からみれば、生産プログラムの「段階」をどこで区切るかの問題であり、調達のさいに自製するか、あるいは外部から調達するかという問題によっても扱われることになる。[27]いわゆる「Make or Buy」の問題である。ここに最適な経営深度の決定という従来からの経営経済的な問題と、取引費用の経済学によって処理される代表的な問題との接点がある。

イーデは経営深度を決定する要因に、（一）生産の規模、（二）（情報の不完全さを克服するための）取引費用、（三）輸送費用を挙げる。[28]ここでかれは、取引費用の経済学が経営経済学の生産理論において展開する余地を発見しているといえよう。

生産の規模による効果は規模の経済性に基づくものだが、すでに一九八〇年代において、ＣＩＭ（Computer Integrated Manufacturing）などの発達により、個数が大きいことの優位性は減少しているため、この点では、垂直統合、あるいは経営経済学の用語では、「経営深度の深化」は、意義を失っている。[29]

それに対して外部購入を管理する費用、市場関係の錯綜性によって生ずる困難さなど情報の不完全さを克服するための取引費用の重要性は増している。これは垂直統合の誘因となりうるものだが、つまり経営深度の深化をもたらすが、今日においてはコミュニケーションネットワークによって克服されうるものだというのがかれの主張である。[30] 輸送費に関しても、交通のインフラストラクチュアの整備、当時のECにおける交通の自由化などにより、輸送費は低下し、今日的状況にあって経営深度のこれ以上の深化をもたらさないという。[31]

最終的には、すでに一九八〇年代において、専門企業として生産深度を浅くすることが今日的な状況にあって「戦略的収益的ポジショニング」であると結論づけている。[32] 今日のインターネット時代を経た巨大専門企業としてのEMS（Electronics Manufacturing Service）の登場を予感させる研究であると言える。

この論文は伝統的な経営経済学的な「最適経営深度」の問題と、まさに取引費用の経済学のパラダイム問題である「Make or Buy」の問題との接点を探ったものといえる。しかし例えば、技術的な理由による生産深度の決定は、取引費用が想定されないときにのみ、すべての状況に当てはめられる一般モデルとなるが、取引費用の概念が導入されれば、まったく捨て去られるというより、あてはまりうる領域の限定という形で修正を加えられるはずであることに注意しなければならない。例えば、化学産業など装置産業で種類当りの生産量が大量になる素材などに関しては、規模の経済性による経営深度の説明が相変らず有効であろう。

三　ピコーによる革新的企業に対する取引費用的解釈

ピコーは一九八二年の論文[33]にみられるように、経営経済学においてもっとも初期の段階から取引費用の経済学を導入した研究者であるが、一九八九年には単に紹介に止まらず、「革新的企業の設立」にかかわる取引費用的側面に注目し、さらにその含意を経験的に実証した。ウイリアムソンの取引費用の経済学のフレイムワークは、いわゆる契約人という人間像と不確実性、取引に特殊な資産への投資という状況仮定で知られているが[34]、このフレイムワークを「革新的な企業設立」という言わばベンチャービジネスのコンテクストにあてはめた時に得られる含意がここでの問題である。

まずMake or Buyの視点から、革新的企業家が企業の設立にあって何を自家製造し、何を外部から調達するかについて、つまり垂直的統合の度合いについて、まったく取引費用的なパラダイム問題が生ずる。また革新的企業というコンテクストでは、革新的生産物の品質、創業者の信頼性は未知であり、革新的企業家は、結局、少数性を持つので、情報上の優位／機会的行動の余地を持つと推論される。このことから、取引費用の経済学から見ると、革新的企業は調達側面よりも販売側面においてより高い垂直統合の度合いを示すという理論的含意が得られる[35]。

また革新的企業家の特性については、三つのタイプが識別される。まず一．発明家など、情報上の優位を持ち、二．新たな組織のデザイン者としてこれまでの資源配分（組織デザイン）の節約者としてみることができる。そして三．交換・選好の相違を埋め合わせる、つまり市場開拓者となる[36]。これらは創業者である革新的企業家の成果にどのような影響を与えるかについて経験的に検討される。より高い成果を示す企業が理論的含意の示すとおりに行動した企業と一致すれば、このコンテクストでの取引費用の経済学は実証されたということになろう。

結論的に生産費用だけでは自製か購買かの決定に関して決定できないことが示されるとともに(37)、企業家企業の場合は、販売側面はより高い垂直統合度を示すという含意が得られている(38)。

これらの個別的な伝統的問題への適用の例から言えることは、アルバッハとイーデにおいては経営経済学における伝統的な考えかたと取引費用の経済学との関係、即ち両者が補完的関係にあるのか、とって代わるのかまで議論されていないと指摘されよう。かれらは単に取引費用概念の導入を試みているのであって、一般的な組織論のアプローチとしての完成度は低いといえよう。それに対して、ピコーはすでに一九八二年の論文(39)において導入論文を書いているだけに、伝統的なアプローチの代替案として捕えている点に特徴がある。そのことはわずかではあるが例えば、「伝統的な生産費用志向的なアプローチによれば、もっと多くの「自製」が期待されるにもかかわらず、(つまり他者よりも安く製造できる場合(40))」そうなっていないことの理由を別の要因、つまり取引費用を挙げて説明している。

しかし、生産費用が経営規模の決定要因であることや、またその費用そのものの発生がいまでも重要な事実であることは明らかであり、防御帯のレベルでの問題の分析から言えることは、取引費用の経済学は従来のものにはまったく取って代わるということではなくて、それぞれ適合する問題群を確定することが必要なのだということである。このような作業は、今後続けられていかねばならない。そしてこの確定の試みは、製造原価計算制度や経営深度、革新的企業の設立のような個別の説明の試みにおいてなされるだけでなく理論的なフレイムワークそのものの検討においても行われることであろう。それを次節で扱ってみよう。

第四節　理論的構想としての新制度派経済学と経営経済学：ピコーの組織論

取引費用の経済学のフレイムワークと経営経済的問題を基本的仮定の整合性という理論的構想のレベルで論じたのは、ピコーの一九八二年の論文であった[41]。かれは、典型的に取引費用の経済学の組織問題への適用の可能性を示すことを目的とし、ウイリアムソンの一九七五年の著作[42]における組織の失敗のフレイムワークの再構成とその組織問題への含意の呈示のために理論的な構想にかかわる点を論究している。

まずピコーは一九八二年の論文において、情報の欠如を克服するために発生する取引費用を用いて、経済組織に見いだされる問題を説明する企業理論として取引費用の経済学を紹介する[43]。情報が欠如しているという状況は、典型的な「(市場と階層組織という両) 組織の失敗のフレイムワーク」に外ならない。この理論的構想上の特徴は、新古典派経済学には見られない、新制度派経済学固有の仮定である[44]。即ち、経済主体は能力、知識、情報処理能力において限界を持ち (限定された合理性)、行為者は私利の追及者であって、それは第三者の負担のもとに行われうる (機会主義的行動)。したがってこのようなコンテクストで市場あるいは階層組織において生産計画や消費契約を考えるとき、情報の欠如に起因する組織問題が発生することを明らかにする。[45] 取引そのものは、経済主体間の所有権の譲渡、自由の譲渡であるが、[46] 取引費用とは、さらにこの取引の意思決定を行い、実行するのに要した費用であるといえよう。したがってここで効率的に意思決定を行うにはどうしたらよいかという問題、あるいは取引の意思決定は、具体的には取引形態の選択、組織構造の選択という形で行われる。[47]

その結果、このアプローチは、第一に、選択された組織デザインはなぜ選ばれたかという問題を取引費用の節約という視点から説明するし、また、より効率的な組織をデザインするためにはどのようなデザインを選んだら良いかという、今日的な表現では、企業戦略的な問題への解答をも提供する。

ピコーによれば従来、経営経済学においてはもっぱら記述的に行われていた、フランチャイジング、労使共同体、カルテル、労働法的な雇用契約、人的企業（合名会社/合資会社）、資本会社（株式会社/有限会社）、公益事業にいたる組織形態が、統一的に説明される。[48] グーテンベルク的なアプローチは新古典派的であるがゆえに組織論的な展開を見ることがなかったことに対して、新制度派経済学的な組織論は、新古典派経済学に対する修正であり、理論的構想のレベルで試みることで、前節におけるアルバッハからの引用が示すように、経済学的な色彩のあるグーテンベルク学派らしい組織論を手に入れたともいえるだろう。

第五節　経営経済学的組織論への展開

一　ピコーの「無境界」（Die grenzlose Unternehmung）仮説

ピコーは、一九九〇年代には、インターネットなど情報システムの普及を受けた結果現れる取引費用の低下がもたらす現象を、英語圏の研究と同時並行的に進めるようになった。即ち、取引費用の削減が引き起こす市場取引の増加を指摘する、マローン、イェイツ、ベンジャミンの「電子市場仮説」[49]、同じく取引費用の減少がアウトソーシングなど「中間組織」の増加を指摘する、クレモンス、レディ、ローの「中間移行仮説」[50]そして、市場、中間組織、階層組織の連続体の中で全体的に市場的取引の方向に移行するとするピコー、リッペルガー、ヴォルフの「無境界仮説」[51]（Die grenzlose Unternehmung）である。[52] Die grenzlose Unternehmung は、英語的には、「薄れゆく企業境界（fading boundaries of the firm）」と表現される。[53] こういったドイツ経営経済学の英語圏の研究との「融合」も興味深いテーマではあるが、紙幅の制約のため、ここでこれ以上そのテーマに立ち入ることはできない。ここでは、新制度派経済学を取り入れた経営経済学的組織論への展開を検討するためにピコーの「無境界仮説」を取り上げてみよう。

ピコーらの主要な論点は、情報のスタンダードが普及したことにより、取引の特殊性が減少したという、環境変化である。[54] ウイリアムソンによれば、取引において特殊な資産への投資が行われるほど、その取引は階層組織内で執行されることになる。

ピコーらは、ウィリアムソンの「特殊な資産への投資とガバナンス形態との関係に関する所説」を情報テクノロジーの進歩というコンテクストに導入する。第一に、コンピュータなど情報機器のハードウェア、ソフトウエアの価格が低下すると、ハードウエアの設置一般の費用が低下する。さらに、単なるガソリン購入などのように同質的な財の取引におけるよりも、特別の用途に建てられた生産設備の購入のさいの方が、取引にさいして多くの情報を交換しなければならない。つまり特殊な資産への投資を伴う取引の方がより多くの情報交換を行い、調整をする必要があるし、モニターする必要もある。結局、情報を伝達する費用が低下したのであれば、より特殊な資産を伴う取引であればあるほど、情報テクノロジーの進展から得られるベネフィットも大きいということになる。この結果、市場、中間組織、階層組織という三つの調整メカニズムを利用する相対費用が変化する。例えば、以前は、階層組織によって調整されていた取引が今度は、ハイブリッドな取引形態によって調整されることになる。しかし情報テクノロジーの進展によってもたらされるもっとも大きな変化は、インターネットに代表されるような、「情報のスタンダード化」に他ならないだろう。例えば、これまでは限られた産業、企業系列などで作られた「閉じたネットワーク」が、インターネットに代表されるように、オープンなネットワークになることによって、その取引に特殊な投資を行わなくて済むようになる。この事はピコーらによると、次の図表8－2のようにあらゆる取引が全体的に左に移動することを意味する。(55)

図表8-2　特殊な資産への投資の減少

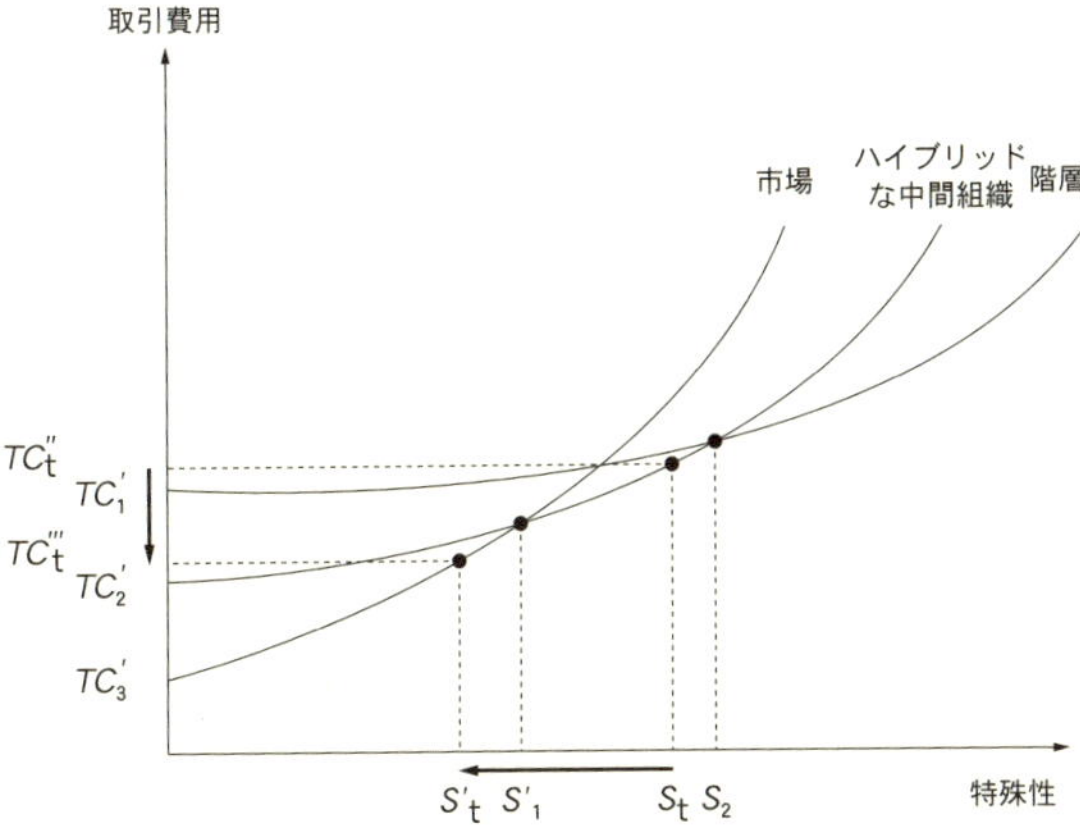

その結果、図表8－2のように例えばS_tの特殊性を持つ取引は、S'_tのように市場において処理されるようになる。全体的に左にシフトするので、必ずしもマローンのような電子市場のみの強調や、クレモンスのような中間組織のみの主張を意味しないことは重要だろう。つまりこれまで階層組織において処理されてきた取引がより中間組織的な調整に委ねられるようになり、また、これまで中間組織によって調整されてきた取引が、まさに電子市場によって処理されるようになるということである。電子市場なりアウトソーシングなりの特定の形態のみを主張するのではなく、どのような形態に決まるかの基準を示している点に、ピコーの「無境界」というフレームワークに包括性があると言えよう。

二　ピコーと後継者の組織論における展開
—比較制度分析から数理的組織論への展開—

ピコーとその後継者であるディートル、フランクとの共著である『組織入門』第一版（一九九七年）と第四版（二〇〇五年）[56]は、どちらもわが国においても丹沢他によって翻訳されているが、ドイツ経営経済学において最も初期の段階から新制度派経済学を取り入れ、新制度派経済学の視点から「組織」を描くことで、経済学的な色彩の強いグーテンベルク学派の特質を色濃く継承するものであると言える。同書では、協同組合、フランチャイズ組織、コーポレートガバナンスの分析や、さらに第四版では、わが国ではまだ珍しいスポーツビジネスにたいする理論的分析が加えられ、ドイツ経営経済学の組織論のさまざまな伝統とも密接に結びつけながら、むしろ逆に組織内部の問題から出発して市場的調整にまで「組織の観点」を拡大しているとも言えるところに特徴があるといえる。

新制度派経済学は、取引費用の経済学、所有権理論、プリンシパル・エージェント理論を含むが、本項では、新制度派経済学の中でも「取引費用の経済学」に基づく基本的な「比較制度分析という視点」とピコーの後継者たちの新古典派経済学の色彩の強いプリンシパル・エージェント理論への傾注を紹介しておこう。

新制度派経済学がドイツ経営経済学に、特にその組織研究の分野に導入されるにあたって、もっとも基本的な視点となっているのは、現実に存在する組織形態や契約形態は、新古典派的な市場取引に比べて「取引費用が節約されているがゆえに相対的により効率的」なので存在しているデザインであるというものである。これは取引費用の経済学において「比較制度分析」と呼ばれている。

分業と専門化によって生産性が増大するというのは、アダムスミス以来の経済学の基本的主張であるが、このことは、交換と調整のための市場取引の存在を前提している。そこで、新制度派経済学的な限定合理性を考慮すると、分業と専門化のゆえに必要となった交換と調整のためには取引費用が発生することになる。

　分業と専門化を行うと同時に、交換と調整も行うとなると交換の種類、環境、当事者の能力に応じて、どれだけ一方では分業による生産性のポテンシャルを利用しつくし、交換と調整によって生ずる取引費用のためにどれだけ生産性の利得を失ってしまうという問題が生ずる。そこで組織問題として、生産性の利得と交換・調整による消耗との差を最大化することで、稀少性の処理にもっとも貢献する分業・専門化と交換・調整の構造を実現することである。そしてどのような組織形態、契約形態がこの差を最大化しているかが問われることになる（図表8―3参照(57)）。

図表8-3　比較制度分析の視点

　　分業と専門化による生産性の上昇

−《マイナス》）交換と調整による資源の消耗

　　純効果　→　最大化

　この比較制度分析の根底にある仮定は、「経済主体は、合理的に行動しようという意思をもっているが、そのための充分な情報をもっていないという前提」である。いわゆるウイリアムソンの一九七五年の著書における「限定合理性」の仮定である(58)。このことから、『組織入門』第一版においては、新制度派経済学の中でもおもに取引費用の経済学を導入しているということができよう。

　しかし、この理論的構想のレベルで、八年後の改訂版である『組織入門』第四版を見るとき、様相は異なってくる。例えば、第四版では、プリンシパル・エージェント理論の説明におけるモラルハザード、逆選択、ホールドアップに関する説明が大幅に拡張されるだけでなく、内容的に数理的モデルが援用されているという変化がみられる。数理的モデルは多くが均衡モデルであり、その理論的背景には、限定合理性というよりも、「不完全情報の仮定」あるいは「特定の情報の欠落」が採用されている。ここでは、情報処理能力に限界があるというよりも、不完全かつ不平等に配分された情報のために、いわゆるセカンド・ベスト解に行きつくことが問題となっている。(59)情報の欠落は一方の当事者にみられ、他方の当事者の「情報処理能力」は完全という仮定がなされているように見えるところに三人の著者の考え方の変化が見て取れると言えるだろう。ここに理論的構想のレベルで、同じく新制度派経済学といいながらより新古典派経済学への接近が見られると言える。所有権理論の取り扱いについては、コーポレートガバナンスとの関連で盛んに議論されたが、ここでは、紙幅の制約のために割愛したい。

元来、取引費用の経済学とプリンシパル・エージェント理論は、取引費用理論が制度を比較し、相対的比較を行うやり方であるのにたいして、新古典派的な均衡モデルを構築するプリンシパル・エージェント理論とは、情報処理能力に関する基本的な仮定の点で、部分的に競合している。(60)

三人の著者たち自身、新制度派組織論を比較する個所では、第一版においては、制度的な解決策を探しているときにどの理論が最も役に立つのかについては、基本的には問題設定の仕方に依存しているとしているのに対して、(61)第四版においては、特にプリンシパルエージェント理論の数理的な均衡モデルとしての解説が大幅に書き加えられ、さらに伝統的な企業間関係についてはスポーツリーグを取り上げ、数理的なモデルの展開を試み、重視している点に注目しなければならないだろう。(62)この展開は、特にDietl, H./Franck, E.の近年におけるスポーツビジネスの研究においてさらに顕著であることを指摘しておく必要があるだろう。(63)

第六節　おわりに

ドイツ経営経済学における新制度派経済学の導入は、初期の段階では、新しい費用の種類としての取引費用の概念を導入することによって始まった。アルバッハ、イーデの貢献である。次にこの貢献は実は、逆説的な表現になるが、「新古典派経済学的」とされてきたグーテンベルク学派のアプローチが、「新古典派的でなくなることで」、「経済学的な」組織論として確立したことが明らかになった。しかし近年においては、最も積極的に新制度派経済学を導入した、ピコーの研究およびピコーと二人の後継者によるテキストを比較することにより、英語圏における研究と新制度派経済学的な組織論との融合が見られること、新制度派経済学の中でも新古典派経済学の色彩の強いプリンシパル・エージェント理論への傾倒が見られることを示した。今後さらに注視する必要があるだろう。

以上のことから、グーテンベルク学派の組織の経済学への展開の姿が描かれるとともにドイツ経営経済学の今後の方向性が示されたと言えるだろう。

（丹沢　安治）

注

(1) Kieser, A., Geschichte der Organisationslehre, *WiSt*, Heft 7, Juli, 1998, S. 338.

(2) 丹沢安治「ドイツ経営組織論の潮流と二つの組織概念」経営学史学会編『経営学の展開と組織概念』文眞堂、二〇一〇年。

(3) 小島三郎『戦後西ドイツ経営経済学の展開』慶応通信、一九六八年。

(4) Albach, H./Hax, H./Koch, H./Lücke, W./Sable, H.（栗山盛彦・中原秀登訳『現代ドイツ経営学』千倉書房、一九八七年。）

(5) Hax H., The Economics of Governance: Framework and Implications, *Zeitschrift für die gesamte Staatswissenschaft*, 140, 1984, S. 227–228.

(6) Picot, A., Transaktionskostenansatz in der Organisationsthorie: Stand der Diskussion und Aussagewert, *DBW* 42, 1982, 2, S. 267–282.

(7) Popper, K. R., *The Open Society and Its Enemies*, Vol. 1, 2, Princeton University Press, 1962. Popper, K. R., "Rationality Principle," in: *Popper Selections*, ed. by David Miller, Princeton University Press, 1985.

(8) Lakatos, I., "Falsification and the Methodology of Scientific Research Programes," *Criticism and the Growth of Knowledge*, Lakatos, I./Musgrave, A., ed., Cambridge Uni. Press, 1970.

(9) Fulton, G., "Resarch Programmes in Economics," *History of Political Economy*, 16-2, Duke University Press, 1984, pp. 187–205. 丹沢安治「行動理論的経営経済学の理論構造」『専修経営学論集』第四七号、一九八九年a、一五九―一九三頁。丹沢安治「取引費用の経済学の理論構造」『専修大学経営研究所報』第八六号、一九八九年b、一―二四頁を参照。

(10) Lakatos, *op. cit.*

(11) 丹沢、前掲論文、一九八九年a。丹沢、前掲論文、一九八九年b。

(12) 丹沢、前掲論文、一九八九年a、一九八九年b。丹沢安治『組織研究の基礎―制度の発生とコントロールへのアプローチ―』白桃書房、二〇〇〇年、丹沢、前掲論文、二〇一〇年。

(13) Albach, H., Kosten, Transaktionen und externe Effekte im betrieblichen Rechnungswesen, *ZfB*, 58Jg., H. 11, 1988, S. 1143–1170.

(14) Ihde, G., Die relative Betriebstiefealsstrategischer Erfolgsfaktor, *Zeitschrift für Betriebswirtschaft*, 58Jg., H. 1, 1988, S. 13–23.

(15) Picot, A./Schneider, D./Laub, U., Transaktionskosten und innovative Unternehmensgründung, *ZfbF*, 41, 5/1989, S. 358–387. Windsperger, J., Transaktionskosten in der Theorie der Firma, *Zeitschrift für Betriebwirtschaft*, H. 9, 1983, S. 889–903.

(16) Albach, H., The Nature of the Firm: A Production Theoretical Viewpoint, *Zeitschriftfür die gesamte Staatwissenschaft*, 1 37, 1981, S. 717–722.

(17) Albach/Hax/Koch/Lücke/Sable, 前掲訳書。

(18) Albach, H., Kosten, Transaktionen und externe Effekte im betrieblichen Rechnungswesen, *ZfB*, 58Jg., H. 11, 1988, S. 1143–1170.

(19) *Ebenda*, S. 1144.

(20) *Ebenda*, S. 1157.

(21) *Ebenda*, S. 1159.

(22) *Ebenda*, S. 1160.

(23) *Ebenda*, S. 1164.

(24) *Ebenda*, S. 1167.

(25) *Ebenda*, S. 1168.

(26) Ihde, *a. a. O.*, S. 14.

(27) *Ebenda*, S. 14.

(28) *Ebenda*, S. 15.

(29) *Ebenda*, S. 17.

(30) *Ebenda*, S. 18.
(31) *Ebenda*, S. 19.
(32) *Ebenda*, S. 20.
(33) Picot, *a. a. O.*, 1982.
(34) Williamson, O. E., *Markets and Hierarchies*, Free Pr., 1975.（浅沼萬里・岩崎晃訳『市場と企業組織』日本評論社、一九八〇年。）*The Economic Institutions of Capitalism: Firms, Markets, Relational Contracting*, Free Pr., 1985.
(35) Picot/Schneider/Laub, *a. a. O.*, S. 361-364.
(36) *Ebenda*, S. 364-366.
(37) *Ebenda*, S. 370.
(38) *Ebenda*, S. 379.
(39) Picot, *a. a. O.*, 1982.
(40) Picot, *a. a. O.*, 1989, S. 370.
(41) Picot, *a. a. O.*, 1982.
(42) Williamson, *op. cit.*
(43) Picot, *a. a. O.*, 1982.
(44) 取引費用の経済学は限定合理性を仮定するため、すべての取引当事者の情報処理能力の限界を仮定するが、プリンシパル・エージェント理論では、一方の当事者の情報の欠落のみを仮定する。
(45) Picot, *a. a. O.*, S. 269.
(46) *Ebenda*, S. 269.
(47) *Ebenda*, S. 270.
(48) *Ebenda*, S. 275.
(49) Malone, T. W./Yates, J./Benjamin, R., "Electronic market and electronic hierachies," Communications of the

ACM, June 1987.

(50) Clemonns, E./Reddi, S./Row, M. C., "The Impact of Information Thechnology on the Organization of Economic Activity: The Move to the Middle Hypothesis," *Journal of Management Information Systems*, Falls, vol. 10. No. 2, 1993, pp. 9-35.

(51) Picot, A./Ripperger, T./Wolff, B., 1993.

(52) 丹沢、前掲書。

(53) Picot, A./Ripperger, T./Wolff, B., "The Fading Boundaries of the Firm: The Role of Information and Communication Thechnology," *Journal of Institutional and Theoretical Economics*, vol. 152, 1996, pp. 65-79.

(54) Picot/Ripperger/Wolff, *Ibid.*, p. 69.

(55) Picot/Ripperger/Wolff, *Ibid.*, pp. 69-73.

(56) Picot, A./Dietl, H./Franck, E., *Organisation: Theorie und Praxis aus ökonomischer Sicht*, Auflage 1, Stuttgart 1995, S. iv.（丹沢安治他訳『新制度派経済学による組織入門―市場・組織・組織間関係へのアプローチ』一九九七年。）Picot, A./Dietl, H./Franck, E., *Organisation: Theorie und Praxis aus ökonomischer Sicht*, Auflage 4, Stuttgart 2005, S. 208 ff.（丹沢安治他訳『新制度派経済学による組織入門―市場・組織・組織間関係へのアプローチ』第四版、二〇〇七年。）

(57) Picot/Dietl/Franck, *a. a. O.*, 1995, S. 5.

(58) *Ebenda*, S. 58.

(59) *Ebenda*, S. 72.

(60) Picot/Dietl/Franck, *a. a. O.*, 2005, S. 81 ff.

(61) Picot/Dietl/Franck, *a. a. O.*, 1995, S. 148.

(62) Picot/Dietl/Franck, *a. a. O.*, 2005.

(63) Dietl, H./Franck, E./Hasan, T./Lang, M., "Governance of professional sports leagues-Cooperatives versus contracts," *International Review of Law and Economics*, 29, 2009, pp. 127-137.

第九章　グーテンベルク以降のドイツ経営学の動向

第一節　はじめに

グーテンベルク以降のドイツ経営学の特徴は、次の点にある。即ち、五〇年代、六〇年代という戦後ドイツ復興、発展期の理論であるグーテンベルク理論が、七〇年代以降、グーテンベルク学派の人々によって継承、発展され、精緻化されるとともに、他方グーテンベルク理論に対する検討がさまざまな方向から提起された点にある。この七〇年代には、アングロサクソン系の意思決定論、システム論、行動科学などがドイツ経営学の中に積極的に導入され、経営経済学の管理論化が推し進められ、グーテンベルクにみられる「機能主義的方向」がいっそう進展した時期である。他方また一九七六年の共同決定法の成立を踏まえて労働側の利害やさまざまなステイクホルダーの利害をも考慮した新たな企業モデルが提示された時期でもある。

グーテンベルク理論の継承、発展については、すでに第二部の第六章〜第八章において詳細に展開されているので、第九章においては、グーテンベルク学派以外の動向について触れることにする。特に共同決定との関連で、ステイクホルダー志向的な経営経済学の動きについてコジオール学派のシュミット（R.-B. Schmidt）の企業用具説やシュミーレッヴィッチ（K. Chmielewicz）の企業体制論、あるいはシュタインマン・ゲルム（H. Steinmann/E. Gerum）の企業体制論やゲルムのコーポレート・ガバナンス論を中心に論じることにする。

また七〇年代以降の経営経済学の発展傾向としてさらにエコロジー志向的経営経済学をあげることができる。経済活動に伴う環境への負担が大きくなるにしたがい、環境保護を経営経済学にどのように位置づけるのかという問題が生じた。ドイツの場合、環境法の厳しさと消費者の環境問題に対する関心の高さは、当然、それに対する企業行動にも影響をもたらした。企業は、調達から生産、販売のみならず、消費された後の廃棄物の回収、再利用、再生利用まで考慮して環境への負担の軽減とリサイクルの問題に取り組まざるをえなくなっている。このような動きの中からエコロジー志向的経営経済学が生成してきた。この点についても検討することにする。

第二節　一九七〇年代のドイツ経済の展開とグーテンベルク理論の再検討

第二次世界大戦後のドイツ経営学の発展は、第一部においてすでに明らかにされたように一九五一年に出版されたグーテンベルクの『経営経済学原理』第一巻生産論を出発点としている。グーテンベルクは、ミクロ経済理論を経営学に本格的に導入し、経営学の一般理論を構築し、学界総動員の第三次方法論争を通して戦後のドイツ経営学において支配的な地位を確立していった。そしてこのグーテンベルク理論が、戦後のドイツ経営学の発展方向に決定的な影響をあたえた。

グーテンベルク理論は、戦後の経済成長を支えた社会的市場経済体制を背景に確立された。即ち競争秩序の維持・形成、社会的介入の規制、生産手段の私的所有という社会的市場経済原理に対応してグーテンベルクは、企業を「営利経済原理」、「自立原理」、「単独決定原理」からなる統一体として把握している。したがってグーテンベルクは、共同決定を資本主義経済体制に異質的なものとしてとらえている。即ち自由主義的・資本主義的経済体制に特有の経営形態である企業では資本所有者と経営者以外は、経営のトップの意思決定はできないという。グーテンベルクにおいては単独決定原理がなくなったり、変化したりすると企業という経営形態は、純粋な形を失うことになる。この利害一元的な企業観がグーテンベルク経営経済学の基礎となっている。そして具体的には企業を「生産要素の結合過程」として捉え、生産要素の投入とその結合成果の数量的関係、即ち生産性を問題とした。そのさい特に基本的な生産要素を結合する企業者職能（管理的労働）をも一つの生産要素とみなし、管理の問題を重視した点に特徴がある。

この一九五〇年代、六〇年代にパラダイムを形成したグーテンベルク理論に対し七〇年代には再検討する動きも出てきた。その契機となるのは、七〇年代の社会民主党政権下での経営参加の拡大であり、特に一九七六年の共同決定法の成立である。

周知のようにドイツの株式会社のトップ・マネジメント組織は、アメリカ型の取締役会のみの一元制システムとは異なり、業務執行機関である取締役会（Vorstand）と監督・統制機関である監査役会（Aufsichtsrat）からなる重層構造になっている（二元制システム）。そして共同決定法に基づきこの監査役会に労働側代表が半数参加している。この監査役会は、日本の監査役会とは異なり取締役の任免権を持っており、また取締役会の一定業務に関して同意権を留保している。監査役会の労働側代表には、企業外部の労働組合の代表と企業内部の経営協議会の代表が含まれており、労働側に資本側と共に経営者をガバナンスし、企業政策（経営戦略）の意思決定に影響を及ぼす可能性が制度的に認められている。共同決定法は、従業員二〇〇〇人超の資本会社（株式会社、有限会社など）に適用されるため、ドイツの大企業のほとんど全てで共同決定がおこなわれることになる。

このような共同決定制度による従業員利害の拡大を踏まえて新たな企業モデルを提示したのが、コジオールの弟子であるシュミットである。シュミットは、企業をさまざまなステイクホルダーにより構成される一つのシステムとして捉え、労働者利害を企業用具説によって積極的に取り上げ、企業の意思決定過程を解明しようとした。それによってシュミットは、グーテンベルクに代表される利害一元的な企業モデルに対し、利害多元的な企業モデルを提示し、それ以降の利害多元的企業体制論、利害多元的コーポレート・ガバナンス論の基礎を形成していった。

第三節　経営参加の拡大と利害多元的な企業理論の展開

一　シュミットの企業用具説

シュミットの中心的な経営思考は、企業は用具であり、自己資本出資者のみならず、あらゆるステイクホルダーが自分の個人的な目標を満たすために企業を利用するという企業用具テーゼにある。シュミットは、用具テーゼを主張することにより自己資本出資者の利害のみを前面に出し、経済における利害多元性を無視するような考え方より意識的に決別しようとしている。利害多元的な企業モデルは、今日では一般的考え方ではあるが、自己資本出資者を志向した利害一元的な思考が支配的であった当時においてはかなり斬新な発想の転換であった。

一九六〇年代後半よりドイツ経営学は、アメリカ経営学の影響を強く受けたためシュミットの用具テーゼにもバーナードやサイモンに代表されるアメリカの行動科学的組織論の影響が認められるが、またこの用具テーゼは、ドイツ独自の経営共同体論や価値創造概念とも密接に関連している。その意味では非常にドイツ的な特徴を持った理論である。

シュミット理論の中心にあるのは、自己資本出資者のみならず経営者、従業員、金融機関、顧客、供給者、労働組合、使用者団体、政党、国家などの公共機関が、ステイクホルダーの個別的目標を満たすために企業を用具として利用できるという命題である。(1)　しかしステイクホルダーの全てが実際に企業を動かしているわけではない。企業政策の意思決定に積極的に影響をおよぼし、生産過程や価値創造過程や成果分配過程を自分の思う方向に向けることができるステイクホルダーは、ごく一部である。シュミットは、それらのステイクホルダーを企業の担い手とよんでいる。そして企業の担い手のメルクマールを企業政策の意思決定に有効な影響を与えることができる点に、また実際に影響をあたえている点にもとめ、具体的には自己資本出資者と経営者と従業員をあげている。

またシュミットの企業用具説の特徴は、成果使用の問題が理論体系の中心に組み入れられている点にある。(2) この成果使用の問題は、戦後の経営経済学モデルにおいてはそれほど取り上げられることのなかったものである。このシュミットの成果概念には、レーマンの価値創造概念やニックリッシュの成果概念の影響が見られる。シュミットは従業員利害を意思決定への参加による目標形成過程だけではなく、ドイツにおける現実の利益分配モデルや財産形成モデルをふまえて成果使用過程において考察している。シュミットの成果概念は、第一巻の初版と第二版においていくつかの点で違いがみられるが、第二版においては企業の成果を自己資本出資者に対応した利益概念で捉えるのではなく、成果の受取人との関連で規定している。即ち成果の受取人として自己資本出資者、経営者、従業員、他人資本提供者および国家をあげ、これらのステイクホルダーに対応できる成果概念として価値創造の概念を用いている。

二　シュミーレッヴィッチの企業体制論

企業をさまざまなステイクホルダーが関わる社会構成体とみる見解はシュミットと同じくコジオール学派のシュミーレッヴィチの企業制度説にもみられる。彼は企業を法的な人格や企業者の手中にある利潤追求の用具とみるのではなく、社会構成体あるいは組織としての制度であるとみなしている。[3] この制度としての企業が、さまざまなステイクホルダーに対して多様な課題を満たすことになる。企業が社会において果たす課題として、次の六点を挙げている。

（一）生産システムまたは欲求充足システム（国家、国民経済、供給者、消費者）
（二）利益追求システム（企業者、利益参加する経営者、従業員）
（三）賃金追求システム（従業員、経営者、労働組合、賃金構造政策者としての国家）
（四）租税追求システム（国庫としての国家）
（五）利子追求システム（銀行またはその他の信用供与者）
（六）自己実現をおこなうシステム（企業者、経営者、従業員）

このうち（二）から（五）が価値創造システムを形成している。括弧内は個々の課題に対するその時々のステイクホルダーを示している。そしてこの企業を種々のステイクホルダーの欲求を満たす制度とみる考察方法においては、特定の利害の実現ではなく、制度それ自体の存続と給付能力の維持が、中心的な基本テーゼとなる。企業を制度として捉えることによって、利害多元的な企業モデルが展開されている。

このような企業制度説に基づいてシュミーレッヴィチは、その後、本格的に企業体制論を提示している。そしてこの企業体制論が、一九九〇年代以降、アメリカでの議論に影響を受けてドイツにおいてコーポレート・ガバナンスの議論へと発展することになる。

ところでシュミーレヴィッチによると企業体制（Unternehmungsverfassung）とは、抽象的ではあるが「基本的で、長期的に有効な企業の構造規制の総体」のことである。そのさい企業での権力と所得と危険の分配がこの規制の対象となる。権力の規制は、特に大企業に対する権力のコントロールを意味している。だれが企業の構成員であるかに関してはシュミーレッヴィチは、シュミットと同様に持分所有者（出資者）と経営者と従業員をあげている。

また所得の分配においては、企業の新たに創造した付加価値が、どのような基準に基づいて企業の構成員や企業の外部に分配されるかが問題となる。この所得の分配は、一部は市場価格、利子率、税率、部門の賃率などによって経営を越えて規定されるし、また一部は企業の賃率、利益参加、利益の分配、利益の留保、コンツェルン内の振替価格などによって個々の経営で規定される。前者は、企業にとって所与のものであり、後者は企業レベルで個々に形成可能である。このようにシュミーレッヴィチもシュミットと同様に企業を一つの社会構成体として捉え、企業のアウトプットを利益概念ではなく企業に関わるステイクホルダーと関連づけて付加価値概念、価値創造概念で把握している。

三　シュタインマン・ゲルムの企業体制論

このように共同決定法の成立以降、労働者の経営参加を踏まえて企業体制論では私企業を出資者の単独の意思によって管理される組織としてではなく、むしろさまざまな利害が働く一つのシステムとして捉える見解が一般的になってきている。コジオール学派のシュミットやシュミーレッヴィッチに並び、このような企業体制論を本格的に展開したのが構成主義科学論に基づくシュタインマン学派の人々である。(4) ここでは、一九七八年のシュタインマンとゲルムの共著『企業体制の変革』とベア・ディヒテル・シュヴァイツァー編著『一般経営経済学』第一巻に所収のシュタインマンとゲルムの共同執筆、「企業秩序」(Unternehmensordnung) に基づいて検討しよう。(5) シュタインマン・ゲルムは、企業体制の基本問題としてまず第一に誰の利害に基づいて企業の目標と政策が決定されるべきなのかという問題、即ち正当性の問題と、第二にその利害を実現するためにどのような企業のフォーマルな意思決定構造（意思決定機関、意思決定過程、情報システム）が形成されるべきなのかという問題、即ち組織の問題を指摘し、独自の企業体制論を展開している。

第一の基本問題に関しては、利害一元的企業体制と利害二元的企業体制と利害多元的な企業体制が存在する。例えば出資者中心の合名会社、合資会社などは利害一元的な企業体制であり、また一九五一年の石炭、鉄鉱業に適用されるモンタン共同決定法の体制は、出資者と従業員の利害二元的企業体制と言うことができる。また第二の基本問題に関しては、意思決定機関に関する規定や意思決定機関での意思決定過程、および各利害集団や意思決定担当者への計画のための情報や統制のための情報をどのように提供するかが問題となる。

ところでシュタインマン・ゲルムは、企業体制にとって重要な利害として消費者の利害（最終消費者の利害）と従業員の利害（生産者の利害）と資本の利害と公共の利害の四つを重視している。この四つの利害について概観しよう。まず消費者の利害と生産者の利害であるが、自給自足のロビンソン・クルソー型の経済においては、消費者と生産者は同一人物であり、その利害は一致している。しかし社会的分業がおこなわれると、両者は分離し、消費者の利害と生産者の利害は対立することになる。生産者は、できるだけ有利な労働条件の実現を考え、また消費者は欲求充足のために最適な財の供給を求める。したがって両者の間のコンフリクトは、個人的なものではなく、社会的な性格のものである。シュタインマン・ゲルムは、消費者の利害と生産者の利害は、社会的分業がおこなわれれば必ず存在する利害であり（本源的利害）、必ずしも市場経済のみに特有の利害ではないと主張する（体制無関連的利害）。これに対して資本の利害は、経済の歴史的一形態である資本主義経済体制に固有の利害であり、シュタインマン・ゲルムによると、これは体制関連的利害であり歴史的・派生的利害である。

企業体制に関わる第四の利害として重要なのは、公共の利害である。シュタインマン・ゲルムは、社会的分業の結果として個人や利害集団間の利害調整のための制度的な措置がまず必要であるという。例えば労働協約システムや競争法（独占禁止法）などがそれにあたる。またシュタインマン・ゲルムは、公共の利害として一九六九年に成立した開示法をはじめとする情報の開示をあげている。さらに公共の利害として、人間の共同生活と経済活動のための物質的な前提条件が重視されている。このような物質的前提条件を確保することは、すべての人々の欲求充足のためつねに必要であり、シュタインマン・ゲルムは、このような条件として今日、特にエコシステムの維持と回復が緊急の課題であると指摘している。このような環境保護の具体例としてEU環境マネジメント・監査スキーム（EMAS）を取り上げている。このEMASは、企業が自主的に取り組む環境マネジメントシステムであり、EUの環境政策の一環として生まれたものである。

このように企業体制にとって重要な利害としてシュタインマン・ゲルムは、資本の利害、従業員の利害、消費者の利害、公共の利害をあげ、これらの利害を考慮した制度の形成を提案し、監査役会を利害多元的な企業協議会に変革することを強く主張している。それによって経営者や企業の権力を社会的に規制しようとしている。(6)

四　ゲルムのコーポレート・ガバナンス論

すでに述べたように、ドイツでは一九七〇年代以降、共同決定の拡大や巨大企業における所有と経営の分離現象の進展にともなって、準公的な性格を持つ巨大企業の内部組織をどのように形成し、それによって大企業をいかに規制するのかという問題が、企業体制という概念のもとに議論されてきた。そして一九九〇年代半ばの一連の企業不祥事をきっかけに、経営者をいかにチェックし、ガバナンスするのかということが大きな問題となり、企業の監督機能についての議論が活発化した。それと同時にコーポレート・ガバナンスという用語がドイツでも一般化し、企業の管理システム、監査システムをいかに強化するのかという視点から、さまざまな改革の議論が展開されてきている。シュタインマンとともにこれらの問題を理論的、実証的に解明してきたゲルムは、二〇〇七年に『ドイツコーポレート・ガバナンス・システム』を著し、ドイツのコーポレート・ガバナンスの実体を明らかにしている。(7)

グローバリゼーションのなかアメリカを発信源として新自由主義的な経済思想が、国際的に基本的潮流となり、ドイツもアングロサクソン型の市場原理主義の影響を大きく受けることになる。しかしこのような新自由主義に基づく株主中心主義の企業観の浸透にもかかわらず、ドイツでは社会的市場経済という言葉に象徴される経済の基本構造は、原則的に維持されており、「社会的公正」を視野に入れた経済運営や企業経営が展開されている。このことは、株主と経営者の関係を軸とするアングロサクソン型のコーポレート・ガバナンスに対して、ドイツでは他のステイクホルダーの利害も考慮したコーポレート・ガバナンスが展開されている点に反映している。アメリカ型のコーポレート・ガバナンスに対してドイツのコーポレート・ガバナンスにおいては出資者だけではなく、その他のステイクホルダー、特に従業員と労働組合を志向した利害二元的あるいは利害多元的なモデルが特徴的である。このような利害多元的な企業モデルの根底には、ドイツの共同決定制度に基づく従業員の経営参加の歴史や、それと密接に関連するドイツ経営学における共同体論的な思考がある。ここでは、ゲルムの実証分析に基づいて、ドイツでのステイクホルダー志向的なコーポレート・ガバナンスの特徴を明らかにしよう。ゲルムの研究目的は、グローバリゼーションのもとでドイツの企業体制がどのように変化したのか、またコーポレート・ガバナンス・システムがアングロサクソン・モデルに収斂する方向にあるのか、またはドイツのコーポレート・ガバナンス・システムは、独自性を維持するのかどうかを検証することにある。

ところでコーポレート・ガバナンス・システムにおいて株主、債権者および従業員といったステイクホルダーは、企業の意思決定過程において自己の利害を主張し実現することができるが、これらのステイクホルダーが、影響力を行使するメカニズムには対極的な二つの方法がある。即ち企業内部からの統制と企業外部からの影響力の行使である。そのさいゲルムは、内部からの統制と外部からの統制を説明するのにハーシュマンに基づきエグジット（Exit）とヴォイス（Voice）の概念を用いている。ドイツのコーポレート・ガバナンス・システムの特徴としてステイクホルダーがヴォイス・オプションを行使する点に加えて資本所有が高度に集中している点、企業への資金提供において銀行の役割が大きい点をあげ、また労働市場に関しては労働協約交渉が支配的である点を指摘できる。さらに共同決定と内部労働市場もドイツのコーポレート・ガバナンス・システムの重要な構成要素として重視されている。

まず第一の特徴である資本所有が所有者に集中している点に関しては、ゲルムは、アメリカやイギリスに比較するとドイツにおいては所有者への支配の集中は、依然として安定しており、一概にドイツのコーポレート・ガバナンス・システムがアングロサクソン型のエグジット・モデルに移行したとは言えないと主張する。ゲルムによるとドイツの上場企業の約五〇％は、過半数所有の株主によって支配されており、この場合には所有に基づく内部からの統制メカニズムが働き、ヴォイス・オプションを行使することができることになる。

次に第二の要因である資本市場と資金調達の視点を取り上げることにする。資本市場あるいは企業の資金調達も最近のコーポレート・ガバナンス研究においては影響要因の一つとして重視されている。国際的に比較すれば、ドイツでは資金調達に関して資本市場の役割はそれほど大きくない。国内総生産（ＧＤＰ）に占めるドイツの株式会社の株式時価総額の割合は、四四％にしか過ぎないが、イギリスの場合ではそれは一三七％であり、アメリカでは一三〇％を占めている(8)。同様に資金調達における社債の役割もそれほど大きくなく、伝統的にユニバーサルバンクが資金調達において重要な地位を占めている。この点は貸借対照表における自己資本の比率が低く、銀行に対する負債の比率がかなり高い点に明確に現れている。ただしここ数年においてドイツ企業の資金調達システムは変化してきたといわれている。例えばドイツ連邦銀行は外部資金調達の増加を指摘し、ドイツ企業の資金調達システムは、純粋な資本市場志向システムと銀行志向システムの中間に位置する混合型システムであると規定している。ゲルムによれば、このような混合型システムは、資本市場志向的なアングロサクソン型システムとは、明確に異なる類型である。

次にゲルムは、第三の特徴として労働市場や労働組合および共同決定といった制度がドイツのコーポレート・ガバナンス・システムにどのような影響を与えているかを検証している。労働協約締結交渉のシステムや共同決定システムあるいは内部労働市場をとおして労働側は、ヴォイス・オプションを行使することができる。ドイツでは、周知のように労働組合と使用者団体との間で労働協約締結交渉が行われ、賃金の額やその他の労働条件に関して決定が行われる。したがって賃金額は、労働市場において自由に形成されるわけではない。労働協約締結交渉においては労働組合と使用者団体は、ヴォイスの機関としての役割を担っている。労働協約のシステムと並んでヴォイスの機関として注目されるのが共同決定のシステムである。この共同決定に関しては、五〇年以上にわたって法律により制度的に定められており、コーポレート・ガバナンス・システムの一つの特徴となっている。

以上のようにゲルムは、ドイツのコーポレート・ガバナンス・システムの特性として高度な所有者支配、資本調達における銀行への高い依存度、労働協約締結交渉、共同決定、内部労働市場等の要因をあげ、ドイツのコーポレート・ガバナンス・システムの特徴は、変革ではなく継続性にあると結論づけている。そしてこの点は、過去二〇年間の経済のグローバル化やそれに伴う企業活動の国際化の中においても基本的には変わりはないと主張している。コンツェルン親会社において経営者支配が増え、また企業の資金調達において銀行志向と資本市場志向の混合型資金調達が増加しているが、これはコーポレート・ガバナンス・システムの現代化であり、決してシステムの崩壊ではないと指摘している。国際競争の激化に伴って適用の必要性は生じているが、基本的な構造が変化したわけではなく、安定した情勢が徐々に変化しているに過ぎないとみている。

第四節　エコロジー志向的経営経済学

グーテンベルク以降のドイツ経営学の発展傾向としてさらにエコロジー志向的経営経済学をあげることができる。経済活動にともなう環境への負荷が大きくなるにつれ、環境保護を経営経済学にどのように位置づけるのかという問題が生じた。ドイツの場合、環境問題に対する国民の関心、意識が高く、ヨーロッパの中でも環境法の厳しい国の一つである。特に一九九一年には包装廃棄物規制令が公布され、また一九九四年には循環経済廃棄物法が公布されている。また二〇〇二年の廃車リサイクル法では、廃車の無料引き取りと再利用が義務づけられている。さらに二〇〇六年には、電機・電子機器法が施行され、電機・電子機器の製造者は、機器を回収し、安全に処理する責任を負うことになった。このように企業は、製品の設計段階から販売段階、廃棄段階にいたるまで、あらゆる領域において環境への負荷の軽減とリサイクルの問題に取り組まざるをえなくなっている。このような動きの中からエコロジー志向的経営経済学が、生成してきた。またこのエコロジーの問題は、すでに述べたようにシュタインマン・ゲルムの企業体制論においても公共の利害の問題としてすでに提起されており、ドイツでは早くから、エコロジーの問題が経営経済学のなかで議論されてきた。

エコロジー志向的経営経済学には二つの基本的な流れがある。一つは、倫理的、規範的なエコロジー志向的経営経済学であり、もう一つは既存の経営経済学の中にエコロジーの問題を位置づけようとする流れである。(9) まず前者の倫理的、規範的な方向においては、伝統的な経営経済学に特徴的な利潤目標志向的な考察方法が展開されるのではなく、エコロジカルな視点と経営経済学的な視点との調和が求められる。このアプローチでは、企業の社会的責任の観点や倫理的価値観に基づいて環境保護目標をどのように企業目標に組み入れるかが問題となり、社会的目標やエコロジカルな目標を企業の意思決定過程において考慮するための企業倫理が求められる。そしてこの企業倫理によって経済的な合理性が修正されることになる。

第二の方向は、第一の方向のように経営経済学のまったく新しい思考方法を展開するのではなく、既存の伝統的経営経済学の中にエコロジカルな問題を取り込もうとするアプローチである。即ち環境問題は、企業の目標システムの中の新しい目標要素であり、利潤目標と競合したり、企業目標を制約するものではなく、長期的に利潤極大化を達成するための新たな副次条件であると理解されている。したがってこのアプローチでは、環境保護と企業目標は補完的な関係において捉えられるか、あるいは環境保護目標と利益目標は、目標―手段関係において捉えられることになる。企業が、公共や環境を意識した消費者の要求を長期にわたり無視すれば、利益は、買い控えや他の商品への変更、不買運動等により悪化し、将来の企業機会を失うことになりかねない。したがってこのような市場機会を志向した企業戦略においては、利益目標とエコロジカルな目標を結びつけることが追求され、環境保護目標は、企業の目標システムの中に組み入れられ、経済的な目標を達成する手段として位置づけられる。

環境保護目標を経済的目標との相互関係、目標—手段関係において把握している代表的な学説として、メッフェルト（H. Meffert）とキルヒゲオルク（M. Kirchgeorg）の統合的環境マネジメント論をあげることができる。メッフェルトとキルヒゲオルクは、ブライヒャーの統合思考に基づいて環境マネジメントのモデルを提示している。[10] このモデルにおいては、マネジメントの三つのレベルが区別されている。即ち企業理念に基づき企業の一般的な目標や規範を定める規範的マネジメントのレベルと一般的目標や規範に基づいて行動プログラムを策定する戦略的マネジメントのレベル、および戦略を具体的な活動や方策に転換する業務的マネジメントのレベルの三つが区別される。まず規範的マネジメントのレベルでは環境マネジメントは、「持続的発展」という指導理念より出発し、戦略的マネジメントのレベルでは、材料のリサイクルの可能性、再生できない資源の投入回避、二次原料の再投入などの行動プログラムが策定される。さらに業務的マネジメントのレベルでは、行動プログラムを実施するための具体的な施策、例えばリサイクル技術の開発などが問題となる。メッフェルトとキルヒゲオルクは、「持続的発展」という指導理念のもとで市場戦略を展開し、経済的合理性とエコロジカルな合理性をともに考慮するアプローチを展開している。[11]

（海道ノブチカ）

注

（1） Schmidt, R.-B. *Wirtschaftslehre der Unternehmung, Bd. 1. Grundlagen und Zielsetzung*, 2. Aufl., Stuttgart 1977.（吉田和夫監修／海道ノブチカ訳『企業経済学』第一巻基礎編、千倉書房、一九七四年、四八頁以下。）

（2） Schmidt, R.-B, *Wirtschaftslehre der Unternehmung, Bd. 3. Erfolgsverwendung*, Stuttgart 1978.（吉田和夫監修／海道ノブチカ訳『企業経済学』第三巻成果使用編、千倉書房、一九八六年。）

（3） Chmielewicz, K., *Arbeitnehmerinteressen und Kapitalismuskritik in der Betriebswirtschaftslehre*, Hamburg 1975.

（4） シュタインマン学派の企業体制論については、万仲脩一『企業体制論―シュタインマン学派の学説―』白桃書房、二〇〇一年参照のこと。

（5） Steinmann, H./Gerum, E., *Reform der Unternehmensverfassung*, Köln/Berlin/Bonn/München 1978. Steinmann, H./Gerum, E., Unternehmensordnung, in: Bea, F. X./Dichtl, E./Schweitzer, M. Hrsg., *Allgemeine Betriebswirtschaftslehre, Band 1. Grundfragen*, 6. Aufl., Stuttgart/Jena 1992. F・X・ベア、E・ディヒテル、M・シュヴァイツァー、小林哲夫、森昭夫編著『一般経営経済学』第一巻基本問題、森山書店、一九九八年。なお第七版（一九九七年）からは、ゲルムの単独執筆となり、第一〇版（二〇〇九年）は、ゲルムとメルの共同執筆である。ここでは、企業秩序（Unternehmensordnung）と企業体制（Unternehmensverfassung）とは同義として扱うことにする（原著、第一〇版、二二六頁参照）。

（6） Steinmann, H., *Das Großunternehmen im Interessenkonflikt*, Stuttgart 1969. シュタインマンは、この利害多元的な企業協議会が企業の管理組織にどのように組み込まれうるのか、また取締役会との相互関係はどのように形成されうるのかといった経営経済学的に重要な管理の問題を取り上げている。シュタインマンの功績は、それ以前のハックスやローマンの業績を除けば、企業体制の問題を経営経済学においてはじめて理論的に一貫して扱った点にある。

（7） Gerum, E., *Das deutsche Corporate Governance-System*, Stuttgart 2007.

（8） *Ebenda*, S. 95 f.

（9） Meffert, H./Kirchgeorg, M., *Marktorientiertes Umweltmanegement*, 3. Aufl., Stuttgart 1998, S. 48.

（10） ブライヒャーの統合的マネジメント構想については、山縣正幸『企業発展の経営学』千倉書房、二〇〇七年参照のこと。

（11） メッフェルトとキルヒゲオルクの統合的環境マネジメント論については、海道ノブチカ『現代ドイツ経営学』森山書店、二〇〇一年、一五一頁以下参照のこと。

『経営学史叢書　第XII巻　グーテンベルク』執筆者

海道ノブチカ（関西学院大学　経営学史学会理事　巻責任編集者
まえがき・第九章）
万仲脩一（神戸商科大学（現兵庫県立大学）名誉教授
経営学史学会会員　第一章・第四章）
榊原研互（慶應義塾大学　経営学史学会会員　第二章）
深山明（関西学院大学　経営学史学会会員　第三章）
宮田将吾（京都学園大学　経営学史学会会員　第五章）
渡辺敏雄（関西学院大学　経営学史学会会員　第六章）
柴田明（香川大学　経営学史学会会員　第七章）
丹沢安治（中央大学　経営学史学会会員　第八章）

経営学史叢書 XII

グーテンベルク

平成二五年五月三一日　第一版第一刷発行　検印省略

監修　経営学史学会
編著者　海道ノブチカ
発行者　前野弘

東京都新宿区早稲田鶴巻町五三三
発行所　株式会社　文眞堂
〒一六二―〇〇四一
電話　〇三―三二〇二―八四八〇
FAX　〇三―三二〇三―二六三八
振替　〇〇一二〇―二―九六四三七番

印刷　モリモト印刷
製本　イマヰ製本所

---

http://www.bunshin-do.co.jp/

ISBN978-4-8309-4742-1　C3034

経営学史学会監修『経営学史叢書　全14巻』

第Ⅰ巻　テイラー
第Ⅱ巻　ファヨール
第Ⅲ巻　メイヨー＝レスリスバーガー
第Ⅳ巻　フォレット
第Ⅴ巻　バーリ＝ミーンズ
第Ⅵ巻　バーナード
第Ⅶ巻　サイモン
第Ⅷ巻　ウッドワード
第Ⅸ巻　アンソフ
第Ⅹ巻　ドラッカー
第Ⅺ巻　ニックリッシュ
第Ⅻ巻　グーテンベルク
第ⅩⅢ巻　日本の経営学説　Ⅰ
第ⅩⅣ巻　日本の経営学説　Ⅱ